ROCK & CINE

Redbook

© 2022, Jordi Picatoste Verdejo

© 2022, Redbook Ediciones, s. l., Barcelona

Diseño de cubierta: Daniel Domínguez / Regina Richling
Diseño de interior: Eva Alonso
Fotografías interiores: APG imágenes
Agradecimientos del autor a Felipe Bejarano, Àngel Comas,
Drac Màgic, Joan S. Luna, Salvador Llopart y Juan Torre.

ISBN: 978-84-18703-26-3
Depósito legal: B-1845-2022
Impreso por Sagrafic, Passatge Carsi 6, 08025 Barcelona
Impreso en España - *Printed in Spain*

Jordi Picatoste Verdejo

Rock & Cine

Cuando el rock se encuentra con el cine

MA
NON
TROPPO

«Elvis Presley era todo
un espectáculo.»

Mi madre, a la que va dedicado el libro.

ÍNDICE

¿Qué es el cine? Me lo pregunto cada día. Y pienso, por ejemplo, el cine puede ser Gene Kelly cantando y bailando bajo la lluvia. Puede ser Juana de Arco, muda y arrebatada en la expresión (Dreyer), o con voz monocorde y sin expresión alguna (Bresson). Puede ser John Wayne agarrándose el brazo enmarcado en una puerta que, para él, es infranqueable. Puede ser Buster Keaton viéndose arrancado en volandas por un huracán, pero también Jerry Lewis siendo él el huracán que se lo lleva todo por delante. Puede ser unos amantes convertidos en roca volcánica (siendo contemplados por otros amantes de carne y hueso), un estómago que se convierte en fauces y convierte brazos en muñones, un hueso que se lanza al aire y cuando cae ya es nave espacial. Quién sabe, quizás el cine es un milagro: un manantial que brota bajo el cadáver de una joven, un niño que resucita en brazos de un cura atormentado, unos campanarios sin campanas que aún así doblan y resuenan al viento. Y también puede ser lo más normal del mundo: una mano que acaricia una rodilla, una joven llorando desconsoladamente en un banco, la nieve que cae por igual sobre los vivos y sobre los muertos.

¿Y qué es el rock? Claro, lo primero que diría es que el rock es una actitud, casi una moral, que encontraría su cruce perfecto con la acepción estrictamente musical –que podría venir definida tanto por la guitarra de Chuck Berry, el juego de caderas de Elvis Presley o con los Stones repartidos por las habitaciones de un palacio decadente grabando *Exile on Main Street*– cuando Bob Dylan decidió enchufar la guitarra eléctrica en el Newport Folk Festival y atacara, para el espanto del público congregado, los cortes de *Bringing It All Back Home*, el particular *Al final de la escapada* de la historia de la música popular. Por eso para mí el rock va mucho más allá del rock 'n' roll y me sirve para abrazar aquellos gestos, morales y musicales, que cambiaron la historia del siglo xx, aunque fuera a través de otras músicas: el pop de Bowie en *The Rise and Fall of Ziggy Stardust and the Spiders from Mars*, el hip hop de Public Enemy en *It Takes A Nation of Millions To Hold Us Back*, la salsa de Rubén Blades en *Siembra*, el punk de The Clash en *The Clash*, lo que sea que es el *Swordfishtrombones* de Tom Waits, etcétera. El rock, bien aprehendido, impregna todo aquello por lo que uno puede llegar a sentirse orgulloso. Y eso lo sabe cualquiera que haya visto en directo a Nick Cave, Bruce Springsteen, LCD Soundsystem o Bill Callahan.

Vale, y ahora la gran pregunta: **¿Qué es cine y rock?**
La respuesta no es sencilla pero creo que el lector que tenga ahora mismo en sus manos el libro que ha escrito Jordi estará más cerca de entenderlo y disfrutarlo. Estudiar cómo el rock ha sido retratado en la historia del cine a lo largo y ancho de su historia no es tarea fácil: son muchos los ámbitos desde los que ha sido explorado, bien por las figuras retratadas, bien por la música usada, bien por el formato empleado. Este libro busca analizarlo y entenderlo a través de un buen puñado de películas, minuciosamente detalladas en lo musical, que deberían servir como sinécdoque de un ente más global. Por lo que tiene una de las virtudes que más agradece la cinefilia: el poder generar listados de visionados de filmes con los que sigamos renovando ese amor por el cine que a algunos, entre los que me encuentro, nos sigue manteniendo con vida. En este caso, claro, además también se sale del mismo —y si no sales de un libro mejor de lo que entras, es que algo no ha funcionado— con un buen puñado de músicos y discos a los que poder echarle un tiento (de las pocas cosas buenas que nos ha dado la contemporaneidad: ahora todo está mucho más al alcance de la mano que cuando Jordi y yo empezamos a escribir hace más de veinte años). ¿Por qué hay mejor forma de mejorar nuestra vida que no sea a través de ver películas, escuchar discos y leer libros?

Alejandro G. Calvo

A VUELTAS CON EL CINE ROCK

El rock es rebeldía y el cine, como medio de masas, tiende a la comunión. Estas ideas contrarias revelan la extraña naturaleza de la conjunción de las dos manifestaciones artísticas en lo que podemos entender como cine rock.

Tan extraña que la conocida como primera película rock no tenía que ver con el rock, *Semilla de maldad*.

Tan extraña que las primeras películas propiamente rock (en cuanto a temática) eran cintas de productores independientes (con argumento mínimo) en busca de una rápida explotación comercial.

Tan extraña que en la primera década de cine rock, la mirada habitual fuera la de directores de generaciones anteriores al surgimiento del rock.

Tan extraña que los biopics de cantantes de rock suelen buscar la redención de sus rebeldes protagonistas o suavizar su contenido.

Tan extraña que puede sonar una canción punk en una cinta de consumo familiar como *Billy Elliot*.

Pero ¿qué es el cine rock? ¿Basta con que se oiga una canción rock, como en *Semilla de maldad*? ¿Lo es en la misma medida la ópera rock *Jesucristo Superstar* que *Forrest Gump*, plagada de canciones rock? ¿O es una cuestión ideológica: el *soft-rock* de *Grease* vs. el punk de *Caído del cielo*?

Y es que la denominación se ha convertido en un cajón de sastre donde puede convivir un film que tiene el glam rock como contexto argumental (*Velvet Goldmine*) y otro surcado por canciones rock aunque esté ambientado dos siglos antes (*María Antonieta*).

Este libro es un modesto intento de clasificar, con solo 50 películas, las posibilidades del cine rock, la relación entre los dos ámbitos. Medio centenar de títulos que, pese a la variedad de formas y contenidos, tienen en común un rasgo primordial, aunque parezca una obviedad destacarlo: el rock. No incluyo, por tanto, películas de blues o country, estilos de los que deriva, ni de otras manifestaciones contemporáneas de música popular como la música disco, el reggae o el soul. Así, no están todas las que son, pero son todas las que están.

¿Qué es el cine rock? ¿Basta con que se oiga una canción rock, como en Semilla de maldad? *¿Lo es en la misma medida la ópera rock* Jesucristo Superstar *que* Forrest Gump, *plagada de canciones rock?*

10

El libro se divide en seis secciones. En la primera, *El rock como tema*, se incluyen films que enmarcan a sus protagonistas en entornos rock: ya sean los cantantes de *El fantasma del Paraíso* o *Calles de fuego*, el promotor de *24 Hour Party People* o el fan *mod* de *Quadrophenia*.

Biopics se adentra en ese subgénero tan denostado por la crítica como querido por el público: las biografías, en este caso, de cantantes populares. La variedad de los films incluidos van desde el biopic clásico, como *Gran bola de fuego*, hasta la película-inspirada-en como *La Rosa*, pasando por el ensayo cinematográfico como *Last Days*. *Los rockeros van al cine* se fija en las películas de temática rock protagonizadas por celebridades de dicho estilo: Elvis Presley, Beatles, The Clash.... En *Conciertos y documentales* se trata uno de los grandes pilares del cine rock, la mirada documental sobre cantantes, festivales y conciertos. *Musicales* abarca el musical rock desde una concepción clásica del concepto, es decir, la música no como tema, sino como creadora de una atmósfera narrativa donde se desarrolla, ya sea toda la obra (*Jesucristo Superstar*), ya sea fragmentos en los que se altera el concepto de realidad, como en *Grease*. Así, no se consideran musicales aquellas películas que simplemente albergan actuaciones musicales, como *Una rubia en la cumbre*, incluida, no aquí, sino en el primer apartado. Por último, en *Bandas sonoras y Canciones* me fijo, primero, en aquellas películas ajenas a la temática rock, pero cuya banda sonora está repleta de canciones de dicho estilo; y, segundo, en canciones concretas, clásicos del rock, que, por su utilización en ellas, están asociadas a películas ajenas a la temática.

Por su estructura fragmentada, el libro no está construido como una historia del cine rock, aunque cada sección está ordenada cronológicamente y se establecen relaciones entre ellas. Se ha buscado, además, una representación variada de grupos y solistas imprescindibles del rock: Presley, Jerry Lee Lewis, Buddy Holly, Beatles, Rolling Stones, David Bowie, Velvet Underground, Pink Floyd, Ramones, Clash, Sex Pistols... En este sentido, en ocasiones, no ha primado tanto la calidad de la obra como su funcionalidad.

Por último, un apunte acerca de las referencias bibliográficas. En el texto, junto a la cita en cuestión, se incluye únicamente la referencia a su autor, debidamente señalado en la bibliografía posterior.

Musicales abarca el musical rock desde una concepción clásica del concepto, es decir, la música no como tema, sino como creadora de una atmósfera narrativa.

GUÍA DE ABREVIATURAS DE LAS FICHAS

Prod.: Procucción (Compañía/s Productor/es)
Mont.: Montaje
Mús.: Música
Vest.: Diseño de vestuario
R: Reparto
Dur: Duración.

Salvo alguna excepción, que se especifica en el texto correspondiente, las películas comentadas aparecen por su título de estreno en España y en mayúsculas, seguido de su título original entre paréntesis y en minúsculas. En el caso de no haberse estrenado comercialmente, se las identifica por su título original y en mayúsculas.

EL ROCK COMO TEMA

UNA RUBIA EN LA CUMBRE
(*The Girl Can't Help It*)

1956. Estados Unidos. **Prod.:** Twentieth Century Fox. Frank Tashlin. **Dir.:** Frank Tashlin. **Guion:** Frank Tashlin y Herbert Baker, basado (sin acreditar) en la novela *Do Re Mi* (1955), de Garson Kanin. **Fot.:** Leon Shamroy, en color. **Mont.:** James B. Clark. **Canciones e intérpretes:** *Rock Around the Rock Pile*, Ray Anthony; *Cinamonn Sinner*, The Chuckles; *Twenty Flight Rock*, Eddie Cochran; *Blue Monday*, Fats Domino; *Cool It Baby*, Eddie Fontaine; *Spread the Word*, Abbey Lincoln; *The Girl Can't Help It*, Ready Teddy y *She's Got It*, Little Richard; *Cry Me a River*, Julie London; *My Idea of Love*, Johnny Olen; *You'll Never Know*, The Platters; *Tempo's Tempo*, Nino Tempo; *Rockin' Is Our Business*, The Treniers; y *Be Bop a Lula*, Gene Vincent and His Blue Caps. **Dur.:** 99 minutos. **R:** Tom Ewell (Tom Miller), Jayne Mansfield (Jerri Jordan), Edmond O'Brien (Fats Murdock), Julie London (ella misma), Henry Jones (Mousie).

ARGUMENTO: Tom Miller, un agente de estrellas venido a menos, es requerido por Fats Murdock, un mafioso salido de la cárcel, para que convierta a su amante, la despampanante Jerri Jordan, en una estrella de la canción. Sin embargo, la joven, en realidad, solo aspira a ser una buena ama de casa.

CINE

Primera película de un gran estudio de Hollywood dedicada al rock. Después de que productores independientes como Sam Katzman o James H. Nicholson ya hubieran estrenado respectivamente *Rock Around the Clock* –la primera película propiamente rock– en abril y *Shake Rattle & Rock* en octubre y al mismo tiempo que lo hacía Milton Subotsky con *Rock! Rock! Rock!*, la *major* 20th Century Fox exhibía en diciembre de 1956 la comedia *The Girl Can't Help It* (no estrenada en España y pasada por televisión como *Una rubia en la cumbre*), cuyo rodaje se había iniciado mediado septiembre. La dirigía Frank Tashlin, proviniente del mundo del cómic y la animación, y la primera actriz designada para acompañar a Tom Ewell era Sheree North, que ya había trabajado con el actor ese año en *The Lieutenant Wore Skirts*, del propio Tashlin. Sin embargo, finalmente la actriz escogida fue Jayne Mansfield, que triunfaba en Broadway con *Una*

La actriz escogida fue Jayne Mansfield, que triunfaba en Broadway con Una mujer de cuidado.

mujer de cuidado, cuyos derechos acababa de comprar la Fox y cuya adaptación dirigiría un año más tarde Tashlin con Mansfield repitiendo papel. *The Girl Can't Help It* supuso el debut como protagonista de la actriz, que hasta el momento solo había hecho en cine pequeños papeles y a la que la Fox veía como una nueva Marilyn Monroe, quien recientemente había protagonizado para la compañía *La tentación vive arriba*, junto a Ewell.

ROCK

A diferencia de las películas de rock de bajo presupuesto, que a menudo paraban la acción para encadenar actuaciones musicales, *The Girl Can't Help It*, las integra de una manera más natural en la trama. En su mayoría se desarrollan en los elegantes locales a los que el protagonista lleva a Jerri Jordan para lucirla y para que los propietarios se interesen por ella. No importa, en cambio, si la situación se adecuaba a la realidad. Al respecto, comentaba el director John Waters, admirador de la película: «Lo único que me chocó, tanto cuando era niño como ahora, es que nunca hubo nightclubs como esos en que hubiera rock'n'roll. Creedme, Little Richard nunca cantó en un local lujoso en el que las mujeres llevaran visones». En el film, el cantante afroamericano, que aparecía por primera vez en una película, interpreta dos canciones, además de cantar en los títulos de crédito la pieza que da título al film.

Little Richard aparecía por primera vez en cine en Una rubia en la cumbre. *En ese mismo año, 1956, se le vería en* Don't Knock the Rock *y, en 1957, en* Mister Rock and Roll, *films de productoras independientes.*

17

Jayne Mansfield no cantaba en la película. En su número final, el clásico Ev'rytime, *con acompañamiento del trompetista Ray Anthony, le prestó su voz Eileen Wilson, cantante que en 1948 había hecho lo mismo con Ava Gardner en* Venus era mujer.

Pese a incluir un gran elenco de grupos y cantantes, como Little Richard, The Platters, Gene Vincent o Fats Domino, el film no toma partido por el nuevo estilo musical. Nada y guarda la ropa: promocionaba los nuevos cantantes a la vez que el tono general era condescendiente. Así, de entre todas las actuaciones, cabe destacar la de Eddie Cochran, quien moriría a los 21 años en un accidente de coche en 1960. En el film Cochran aparece en una emisión televisiva que Fats Murdock toma como referencia para demostrar que alguien sin talento (como su joven amante) puede triunfar en el mundo del rock. Según descubre López Poy, el rockero se negó a aparecer sin su guitarra, tal como se le había pedido, ya que era su figura lo que más les interesaba. Al final, quien triunfa es el propio Fats Murdock y su voz rugosa con la canción que había escrito para Jerri, *Twist Around the Rock Pile*, giro de guion que apuntaba hacia el rock como prueba de la degeneración de una sociedad que hace de cualquier cosa un éxito. Así, además, sin saberlo y desde una óptica contraria, la película prefiguraba veinte años antes el *hazlo tú mismo* del punk.

La ironía es que *The Girl Can't Help It* y la actuación de Eddie Cochran (con guitarra) fueron relevantes en el germen de los Beatles. Cuando la película llegó a Inglaterra en 1957, fue una gran revelación para John Lennon, que ya tenía su grupo The Quarrymen: «John pudo ver a las nuevas estrellas del rock & roll americanos por primera vez, todos ellos retratados en un voluptuoso Eastman-color y en la megapantalla de CinemaScope. (...) Y allí, para John algo aún más fascinante, estaba el grupo que acompañaba a Gene Vincent, los Blue Caps, que contrapunteaban su línea vocal con gritos y ruidos casi animales», escribe su biógrafo Philip Norman. Además, el día que McCartney y Lennon fueron presentados, el 6 de junio de 1957, el primero cantó, para impresión del segundo, *Twenty Flight Rock*, la pieza que interpretaba Cochran en el film. El resto es historia. La devoción de los Beatles por *The Girl Can't Help It* provocó que el 18 de septiembre de 1968 interrumpieran la grabación de *Birthday* para ver su estreno televisivo.

PASAPORTE A LA LOCURA
(*Psych-Out*)

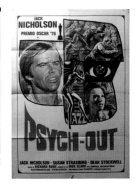

1968. Estados Unidos. **Prod.:** Dick Clark Productions. Dick Clark. **Dir.:** Richard Rush. **Guion:** E. Hunter Willett y Betty Ulius, sobre un argumento de E. Hunter Willett. **Fot.:** László Kóvacs, en color. **Mont.:** Kenn Reynolds. **Mús.:** Ronald Stein. **Canciones e intérpretes:** *Ashbury Wednesday*, Boenzee Cryque; *Two Fingers Pointing On You* y *Pushin' Too Hard*, the Seeds; *Incense and Peppermints*, *Rainy Day Mushroom Pillow* y *The World's On Fire*, Strawberry Alarm Clock; *Beads of Innocence*, *The Love Children*, *The Pretty Song*, *Psych-Out* y *Psych-Out Sanatorium*, The Storybook. **Dur.:** 102 minutos. **R:** Susan Strasberg (Jenny Davies), Jack Nicholson (Stoney), Dean Stockwell (Dave), Bruce Dern (Steve Davies), Max Julien (Elwood), Adam Roarke (Ben).

ARGUMENTO: Jenny Davies, adolescente sorda, ha huido de casa para ir a San Francisco en busca de su hermano Steve. Al poco de llegar a la ciudad conoce al grupo de rock psicodélico Mumblin' Jim, liderado por Stoney. Este, junto a sus compañeros Ben y Elwood, ayudará a la joven y la introducirán en la cultura de la psicodelia.

CINE

Pasaporte a la locura es la primera película como productor de cine del televisivo Dick Clark, quien desde 1957 presentaba en la cadena ABC American Bandstand, programa musical para jóvenes con actuaciones de sus ídolos, entre ellos Chuck Berry, quien, ya en ese año, mencionaba el programa en la letra de su *Sweet Little Sixteen*. El propósito de Clark en la

Susan Strasberg, entonces treintañera hija del legendario profesor de actores Lee Strasberg, encarnaba en la película a una adolescente sorda en busca de su hermano.

Jack Nicholson y Max Julien interpretan a miembros del grupo ficticio Mumblin' Jim en el San Francisco del flower power y el LSD.

realización de la película era hablar de los *hippies*, a los que consideraba, según decía en una entrevista en Daily Variety en 1967, «el grupo de chicos más influyente, importante y del que más se habla en América». Su intención no era hacer un panegírico, sino abordar el fenómeno en todo su conjunto, no solo sus proclamas pacifistas y los deseos amorosos, sino también el uso de drogas, lo que lleva a una de las escenas más angustiosas del film con el intento de un joven de amputarse una mano.

La cinta es un retrato del ambiente de los años del *flower power* en los que San Francisco era la capital hippie que había conseguido acomplejar a los angelinos. Por ejemplo, Derek Taylor, agente de prensa del Festival de Monterrey (1967), recordaba las dificultades que hubo para conseguir que grupos de San Francisco participaran en el certamen californiano: «La mitología decía que Los Ángeles no era una sociedad alternativa tan honorable como la de San Francisco, donde estaba lo genuino. L.A. tenía que convencer a San Francisco de que éramos tan modernos y agradables como ellos».

La película se estrenó el 6 de marzo de 1968 en San Francisco y casi dos meses después, a finales de abril, en Los Ángeles. Lo hizo con un cuarto de hora menos que dejó el metraje en 88 minutos; no fue hasta 2015 que se restauró con la duración original. Los resultados de taquilla no fueron buenos. Clark achacaba el fracaso a que, cuando se estrenó, la juventud ya se enfrentaba a la dura realidad de la guerra de Vietnam y a drogas como la heroína o la cocaína. Todavía estaba por llegar la matanza de 1969 en que murió Sharon Tate a manos de la *familia* Mason y la tragedia de Altamont que los hermanos Maysles filmaron en *Gimme Shelter*, hechos que certificaron el final del sueño *hippie*.

ROCK

Pasaporte a la locura, que capta el hormigueo humano en las calles de San Francisco, no utiliza el célebre *San Francisco* (*Be Sure to Wear Flowers in Your Hair*), compuesta por John Phillips, de The Mamas and the Papas, y que Scott McKenzie había publicado en 1967, sino que se fija en bandas de rock psicodélico de sonoridad más áspera como los angelinos The Seeds, que aparecen en una escena de un falso funeral interpretando *Two Fingers Pointing On You*, o Strawberry Alarm Clock, que actúan en una fiesta cantando *Rainy Day Mushroom Pillow*. Otra de las canciones de este grupo, *The World's On Fire*, es una de las dos piezas que interpretan en *playback* como propias Mumblin' Jim, el grupo ficticio de la película líderado por Jack Nicholson; la otra es *Ashbury Wednesday*, de Boenzee Cryque, en cuya escena se muestra un *liquid light show* parecido a los que ilustraban actuaciones de grupos como Jefferson Airplane, Grateful Dead o Pink Floyd, proyecciones de diapositivas en las que se vertían líquidos con colorantes. Esta canción es utilizada también en la escena en la que un personaje secundario sufre alucinaciones lisérgicas y que sirve a Richard Rush para jugar eficazmente con las imágenes (multiplicación de figuras, movimiento de los márgenes con el centro fijo, *body-painting*...).

Por otra parte, el amor libre promovido en la época tiene su culminación en la escena de sexo entre Jennie y Smokey. Ahí se utiliza de fondo *The Pretty Song*, de The Storybook, la misma pieza que suena en los créditos iniciales, con la llegada de una ilusionada Jenny al conocido distrito sanfranciscano de Haight-Ashbury, donde se le coloca, tal como pedía McKenzie, una flor en el pelo.

Los angelinos The Seeds, grupo emblemático del periodo psicodélico del rock, aparecían en el film, en el que además sonaba su éxito Pushin' Too Hard.

EL FANTASMA DEL PARAÍSO
(*Phantom of the Paradise*)

1974. Estados Unidos. **Prod.:** Harbor Productions. Edward R. Pressman. **Dir.:** Brian De Palma. **Guion:** Brian De Palma. **Fot.:** Larry Pizer, en color. **Mús.:** Paul Williams. **Mont.:** Paul Hirsch. **Mús. Adicional:** George Aliceson Tipton. **Canciones e intérpretes:** *Faust* y *Never Thought I'd Get to Meet the Devil*, William Finley; *Goodbye Eddie Goodbye, Somebody Super Like You* y *Upholstery*, Archie Hahn y Harold Oblong; *Old Souls* y *Special To Me*, Jessica Harper; *Life At Last*, Ray Kennedy; *The Hell of It* y *Phantom's Theme*, Paul Williams. **Dur.:** 87 minutos. **R.:** Paul Williams (Swan), William Finley (Winslow Leach/Fantasma), Jessica Harper (Phoenix), George Memmoli (Philbin), Gerritt Graham (Beef).

ARGUMENTO: El megalómano productor musical Swan le roba a Winslow Leach, un joven compositor, su ambiciosa obra *Fausto* para estrenarla sin pagar derechos en el Paraíso, su nuevo local. Tras un montaje del todopoderoso productor, Winslow acaba en la cárcel, de la que se escapa para rendirle cuentas a Swan. Desfigurado por un accidente en el estudio de éste y desaparecido por un tiempo, el autor regresará enmascarado y prometiendo venganza, pero acabará en las redes del mefistofélico productor, que, además, se aprovechará de la joven aspirante a cantante Phoenix, de la que está enamorado Winslow, convertido ya en el Fantasma del Paraíso.

CINE

William Finley, compañero universitario de De Palma y actor frecuente en su filmografía, tuvo su papel más recordado en El fantasma del Paraíso, *cubierto con una máscara gran parte del metraje.*

El film satiriza también el glam rock a partir del personaje de Beef (Gerrit Graham), aquí en su último y chamuscado aliento de vida.

Antes de poder ser vendida a la 20th Century Fox para su distribución, la película, de producción independiente, se enfrentó a varias cuestiones legales. Tuvo que cambiar de título en dos ocasiones ya que originalmente se llamaba *The Panthom of the Fillmore*, pero recibió las quejas del conocido promotor de rock Bill Graham, que había dirigido los teatros Fillmore de San Francisco y Nueva York, y al ser rebautizada como *The Panthom*, tuvo que afrontar las de King Features, propietaria de los derechos sobre el personaje del cómic homónimo (*El hombre enmascarado*, en España). Además, la discográfica Swan Song Records, creada por Led Zeppelin en 1974, amenazó con un pleito porque la compañía que aparece en el film, Death Records, se llamaba en un principio Swan Song; se intentó retirar de las imágenes filmadas todo rastro del nombre original, pero quedó alguno. Por último, Universal, que tenía los derechos de *El fantasma de la Ópera*, por haber adaptado la novela de Gaston Leroux en varias ocasiones, interpuso una demanda acusando a la producción de plagio; se solucionó con un pago de medio millón de dólares, lo que provocó que la oferta de compra de la Fox fuera a la baja respecto a lo inicialmente pactado.

Cineasta cinéfilo y juguetón, De Palma mezla referencias y estilos aún aportando estilemas propios, como el uso de la *split screen*, la pantalla partida, en su particular adaptación del plano secuencia del atentado en *Sed de mal* (1958). Además, cita a Hitchcock de manera irreverente en la parodia de la escena de la ducha de *Psicosis*, que tiene como arma una ventosa y como víctima (ilesa) a Beef, el amanerado cantante de glam rock que, por mandato de Swan, estrenará la ópera *Fausto* en lugar de Phoenix. En este divertido personaje confluyen otras referencias: su estética glam remite al musical teatral *The Rocky Horror Picture Show* y su forma de tocar la guitarra es una referencia grosera al estilo de Jimi Hendrix. Para rematar el personaje, su muerte por electrocución permite un juego de palabras con su nombre: (*roast*) *beef*, carne asada. Por otra parte, la estética del número precedente, *Somebody Super Like You*, alude argumentalmente a *Frankenstein*, estéticamente al expresionismo alemán y sonoramente al hard rock. Por todo ello (y más), tal como apunta Eduardo Guillot en *Sueños eléctricos*, *El fantasma del Paraíso* se enmarca dentro del pastiche cinematográfico.

ROCK

Única película de Brian De Palma de temática musical. Se le ocurrió la idea al oír en un ascensor una canción de los Beatles en versión *muzak* (música ambiental). «Me pareció interesante coger una gran canción y convertirla en todo tipo de géneros musicales diferentes: estilo Beach Boys, *hard rock*, *rockabilly*... y luego junté tres historias clásicas: *El fantasma de la ópera*, *El retrato de Dorian Gray* y *Fausto*», contó el cineasta a Blumenfeld y Vachaud. Es lo

Swan (Paul
Williams), productor
megalomaníaco,
inspirado en Phil Spector.
Sentado a distancia,
su esbirro Philbin
(George Memmoli)

que sucede con la canción *Phantom's Theme*, interpretada por cantantes de diferentes estilos en una misma escena ante el productor Swan. Por otra parte y en sentido opuesto, el grupo ficticio Juicy Fruits, formado por los actores cantantes Jeffrey Comanor, Archie Hahn y Harold Oblong, interpreta en el film los estilos mencionados por el director con canciones distintas.

De Palma, que recientemente había tenido una mala experiencia en una *major* –había sido despedido de la Warner en 1972–, realizó en *El Fantasma del Paraíso* una ruda y disfrutable sátira en clave de terror de la industria musical y del maltrato sufrido por los creadores y artistas sujetos a ella, incluidos la explotación, la apropiación indebida del material creado o el derecho de pernada con las jóvenes aspirantes a cantante. No deja aspecto sin tocar, desde los contratos leoninos que anulan al artista, el suministro de drogas a estos, la seguridad en manos de de macarras –alusión a los Hell's Angels, insólitos «garantes» de la paz en conciertos de la época, como la tragedia de Altamont recogida en *Gimme Shelter*– e, incluso, la facilidad con la que los cantantes se dejan cegar por las luces del estrellato.

Para encarnar al diabólico Swan, personaje inspirado en el productor musical Phil Spector, De Palma contó con el polifacético Paul Williams que, además, compuso una decena de canciones para la película, lo que le valió, junto a George Aliceson Tipton, una nominación al Oscar por la banda sonora del film. Letrista de piezas como *We've Only Just Begun* o *I Won't Last a Day Without You* para The Carpenters, Williams ganaría un Oscar y un Grammy por *Evergreen*, de la banda sonora de *Ha nacido una estrella* (1976), como mejor canción del año.

Todos los actores interpretan sus canciones, a excepción de Gerrit Graham, que encarna a Beef, doblado cuando canta por Ray Kennedy. Jessica Harper, futura protagonista de *Suspiria* (1977), de Dario Argento, debutaba en un papel al que también aspiraron la cantante Linda Ronstadt y Sissy Spacek, quien consta como ambientadora de la película; su pareja y futuro marido era Jack Fisk, director artístico de la cinta.

QUADROPHENIA

1979. Reino Unido. **Prod.:** The Who Films y Polytel. Roy Baird y Bill Curbishley. **Dir.:** Franc Roddam. **Guion:** Dave Humphreys, Martin Stellman y Franc Roddam, basado en el álbum del mismo título (1973) de The Who. **Fot.:** Brian Tufano, en color. **Mont.:** Sean Barton y Mick Taylor. **Canciones e intérpretes:** *I Am the Sea, The Real Me, Zoot Suit, My Generation, I'm One, The Punk and the Godfather, Anyway, Anyhow, Anywhere, Get Out and Stay Out, Is It In My Head?, 5.15, Love Reign O'er Me, Bell Boy, I've Had Enough, Helpless Dancer, Doctor Jimmy, Four Faces* y *Joker James*, The Who; *High Heel Sneakers* y *Dimples*, Cross Section; *Be My Baby*, the Ronettes; *Rythm of the Train*, the Cascades; *Wishin' and Hopin'*, The Merseybeats; *Da Doo Ron Ron*, The Crystals; *Blazing Fire*, Derrick Morgan; *Green Onions*, Booker T and The MG's; *Louie, Louie*, The Kingsmen; *He's So Fine*, The Chiffons; *Night Train*, James Brown; *Baby Don't You Do It*, Marvin Gaye; *5-4-3-2-1*, Manfred Mann; *Wah Watusi*, The Orlons; y *Baby Love*, The Supremes. **Dur.:** 113 minutos. **R:** Phil Daniels (Jimmy Cooper), Philip Davies (Chalky), Leslie Ash (Steph), Sting (Ace), Ray Winstone (Kevin Herriot).

ARGUMENTO: Jimmy es un joven *mod* en el Londres de 1964. La música de The Who, las motos scooter, las drogas y la violenta rivalidad contra los rockers forman parte de su mundo particular con el que olvida la gris cotidianidad familiar y laboral. Ace, un líder *mod*, es un modelo para él.

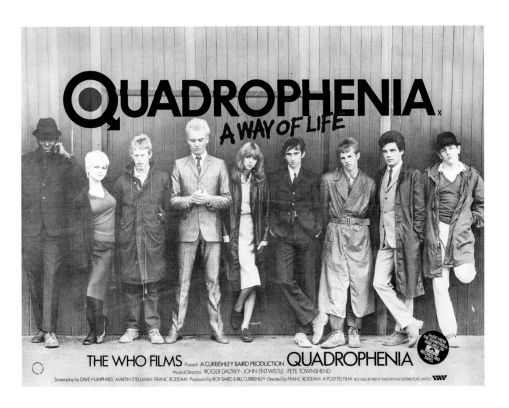

CINE

Quadrophenia es la adaptación cinematográfica de la segunda ópera rock de The Who, publicada en 1973, después de que *Tommy*, la primera, fuera un éxito y tuviera su correspondiente versión dirigida en 1975 por Ken Russell. A diferencia de aquella, el debutante Franc Roddam, que tenía la misma edad que el protagonista en el año en que acontece la acción −1964− y estaba familiarizado con el mundo que retrataba, decidió alejarse del musical puro y optó por un acercamiento más realista. Así, el director, futuro exitoso creador del formato televisivo *Master Chef* y sus derivados, adaptó a los tiempos de los *mods* y los *rockers* la tradición del cine social británico y los descontentos *angry young men* del *free cinema* de los años sesenta, poblada de adolescentes y jóvenes insatisfechos (*La soledad del corredor de fondo, Mirando hacia atrás con ira,...*). Ese enfoque se adecúa a las intenciones de Pete Townshend en la concepción del álbum original. En él volcaba sus inquietudes personales a través del protagonista en un momento en el que el ambiente en el seno de la banda estaba enrarecido: «Podemos seguir los últimos años de la adolescencia de un chaval hasta el punto en que pasa por diversas experiencias que le dejan jodido. (...) Pasa por toda una serie de tentaciones. Se da cuenta de lo que hace aflorar las cuatro facetas de su carácter. [De ahí, el título]. El bueno, el malo, el romántico y el demente se aúnan. Y su victoria es extraña, se siente exultante al ver fundidas todas sus partes. También se entristece por la nostalgia al mirar atrás. Algo le hace desear volver a vivir. Mi héroe era alguien a quien yo seguía muy apegado», afirmaba en un texto sobre la génesis del álbum incluido en sus memorias. Townshend respetó la decisión del director.

El film se beneficia de la interpretación carismática de Phil Daniels (centro, entre Mark Wingett -Davey Leslie Ash -Steph-). Al año siguiente, 1980, volvería al cine rock con La rockera, *dirigida por Brian Gibson, en el papel del mánager de la protagonista, encarnada por la cantante Hazel O'Connor.*

Para encarnar a Jimmy, *mod* en crisis, Roddam habló con Johnny Rotten, el líder de los Sex Pistols. Incluso realizó una prueba muy convincente, pero la aseguradora se negó a hacerse cargo. Roddam tuvo que recurrir a hacer un casting y escogió a Phil Daniels, que tenía experiencia, sobre todo, en televisión. Todo un acierto. La interpretación de Daniels y el carisma que desprende son el motor del film. El joven actor también estaba vinculado con la música y llegó a publicar un disco con la banda The Cross en 1979, año de estreno de la película. Además, posteriormente, Damon Albarn, de Blur, lo llamó para que colaborase con ellos en la canción *Parklife*, del álbum homónimo de 1994, tal como se ve en el videoclip, y en *Me, White Noise*, *bonus track* de *Think Tank* (2003). Para cerrar el círculo, en 2020 participó en el *Masterchef Celebrity* británico, uno de los formatos creados por Roddam.

Por otra parte, cuando se rodó la película, a finales de 1978, Sting, que interpreta a Ace Face, el referente *mod* admirado por Jimmy, no gozaba aún de la popularidad que tendría posteriormente; apenas hacía dos años que se había formado The Police, cuyo primer álbum, *Outlandos d'Amour*, se publicaría en noviembre de 1978, paralelamente al rodaje. Sting y Roddam volverían a trabajar en *La prometida* (1985), revisitación del mito de Frankenstein con el cantante en el papel del Doctor.

Roger Daltrey, vocalista de The Who, en una visita al rodaje del film, con algunos de los actores secundarios, como Phil Davis (Chalky), el primero por la izquierda, y Mark Wingett (Dave), a la derecha de Daltrey.

27

ROCK

El papel de líder mod *de* Quadrophenia *supuso el debut como actor de Sting (centro), faceta que repetiría en films como* Dune *(1984),* Las aventuras del barón Munchausen *(1988) o* Lock & Stock *(1998).*

The Who fue una de las bandas de referencia de los *mods*, subcultura juvenil integrada por chicos de clase media vestidos con trajes y parkas y caracterizados por el uso de *scooters*, el consumo de anfetaminas y los enfrentamientos violentos con los *rockers*, como los de mayo de 1964 en Brighton que la película recrea. *Quadrophenia*, producida por The Who, es un retrato de esa corriente en la que ellos formaban parte de su banda sonora. Sin embargo, la película fuerza esta relación, ya que en mayo de 1964 The Who estaba en una fase inicial, aunque ya en contacto con el ambiente *mod*; de hecho, en la segunda mitad del año cambiaron su nombre durante unos meses por la expresión *mod The High Numbers* –de esta etapa Roddam incluyó en el film *Zoot Suit*–. Así, en las paredes de la habitación de Jimmy hay un cartel publicitario del grupo con Pete Townshend sobre fondo negro que remite al disco *Live At Leeds*, de 1970, y en una fiesta nocturna se ve la portada del segundo álbum de la banda, *A Quick One*, aparecido en 1966. Otras dos licencias autorreferenciales suceden cuando en esa misma fiesta Jimmy pone un disco y suena *My Generation*, que no vería la luz hasta 1965, igual que *Anyway, Anyhow, Anywhere*, pieza que, en otra escena posterior, Jimmy les ve interpretar en televisión.

En cuanto a la banda sonora, la película no utiliza la totalidad de las canciones de la obra original, ni siquiera las mismas versiones. Y en ocasiones, solamente se oye la parte instrumental, como sucede con *The Punk and the Godfather*, para ilustrar uno de los trayectos nocturnos en moto. Es en el tramo final de la película cuando la música ejerce de motor narrativo y se suceden, con mínimas pausas y sin apenas diálogos, el mayor número de canciones: *5.15* −durante el trayecto en tren−, *Love Reign O'er Me* −en la playa−, *Bellboy* −cuando Jimmy descubre que su admirado Ace, en realidad, se gana la vida como un simple botones de hotel−, *I've Had Enough* (con el mismo estribillo que *Love Reign O'er Me*) −cuando le roba la *scooter* y emprende su huida hacia el mar, en lo que se puede ver como una versión motorizada del final de *Los 400 golpes*, de François Truffaut, en la que el adolescente Doinel corría hasta que el mar lo detenía− y *Helpless Dancer*, de la que apenas se oye un verso −*You Stop Dancing*−, con la moto despedazada contra las rocas precipicio abajo. Toda esta secuencia musical, con diferente orden al del álbum, denota el estudio concienzudo de la obra original por parte de Roddam.

El rock de The Who o The Kinks no era el único estilo que escuchaban los *mods*. También les gustaba el soul y Roddam, en su voluntad de documentar los ambientes, hace sonar en locales recreativos a grupos como The Crystals, The Ronnettes o The Kingsmen, estos con su versión del clásico de rhythm & blues *Louie Louie* en la célebre escena del parco baile de Sting en la discoteca. En cambio, los únicos que aparecen actuando en la película son Cross Section, que interpretan dos canciones en un bar al principio de la cinta. Se trata de un grupo que respondió al anuncio aparecido en *The New Musical Express* por el que se buscaba una banda para la película. Interpretan versiones de *High Heel Sneakers*, el gran éxito del olvidado Tommy Tucker, y *Dimples*, del bluesman John Lee Hooker. Por su parte, un joven Ray Winstone como sufrido amigo *rocker* de Jimmy, canta *Be Bop A Lula*, del rockero Gene Vincent, en la escena del reencuentro inesperado entre los dos.

Dos momentos de la última parte del film. El encuentro con su admirado Ace en el furgón policial tras los altercados de Brighton y la soledad del protagonista en la playa, poco antes de la frustración final.

29

CAÍDO DEL CIELO
(*Out of the Blue*)

1980. Canadá. **Prod.:** Robson Street y Discovery Productions. Jean Gontier, Gary Jules Jouvenat y Leonard Yakir. **Dir.:** Dennis Hopper. **Guion:** Leonard Yakir, Brenda Nielson, Gary Jules Jouvenat y Dennis Hopper. **Fot.:** Marc Champion, en color. **Mús.:** Tom Lavin. **Canciones e intérpretes:** *Heartbreak Hotel* y *Teddy Bear*, Elvis Presley; *My My, Hey Hey* (*Out of the Blue*) y *Trasher*, Neil Young; *Out of Luck* y *Somebody's Mom*, The Pointed Sticks; *Sorry Just Won't Do*, Jim Byrnes; *Blue Motel, What Have I Been Drinkin'* y *Doin'It Right*, Powder Blues Band. **Mont.:** Doris Dyck. **Dur.:** 90 minutos. **R.:** Linda Manz (CeBe), Dennis Hopper (Don), Sharon Farrell (Kathy), Raymond Burr (Dr. Brean), Don Gordon (Charlie).

ARGUMENTO: **CeBe, una adolescente rebelde amante del punk y Elvis Presley, espera, junto a su madre drogadicta Kathy, la inminente salida de la cárcel de su padre Don, que, borracho, chocó con un autobús escolar y provocó la muerte de algunos de los críos. Pese a haber estado encerrado cinco años, Don no podrá escapar de su pasado ni de sus adicciones.**

CINE

Película maldita que ha ido siendo rescatada de la oscuridad hasta su reestreno en noviembre de 2021 en Estados Unidos con copia restaurada 4K, la canadiense *Caído del cielo* era en sus orígenes una producción dirigida por Leonard Yakir y protagonizada por Dennis Hopper. Sin embargo, según afirma Guillot en *Sueños eléctricos*, a las dos semanas de rodaje, Paul Lewis, acreditado como productor ejecutivo, estaba insatisfecho con lo rodado y Hopper, que no dirigía desde 1971 con la discutida *The Last Movie*, se ofreció a tomar las riendas con la condición de poder reescribir el guion: eliminó la voz en off, cambió el final e introdujo el elemento punk, que es vital en el resultado final.

Entendida por Hopper como una suerte de segunda parte apócrifa de *Easy Rider*, en el que se veía el destino fatal una década después de personajes análogos a los de aquella, *Caído del cielo* aparece como un sórdido manifiesto punk que lleva de manera brutal y hasta sus últimas consecuencias el nihilismo propio del género. Su final implacable dificultó la distribución después de su estreno sonado en la sección oficial a concurso del Festival de Cannes de 1980 –no obtuvo ningún galardón– y, aunque en España y Francia se exhibió comercialmente en 1981, no lo hizo en Estados Unidos hasta 1983. Posteriormente la cinta cayó en el ostracismo y se editó en DVD con el título cambiado, *No Looking Back*. En 2019 se exhibió en la Mostra de Venecia su versión restaurada.

ROCK

El título original del film, *Out of the Blue*, se debe a la canción homónima de Neil Young del disco *Rust Never Sleeps* (1979). La pieza suena en varias ocasiones a lo largo del film, también en los créditos finales e iniciales, y entre sus versos incluye «El rock'n roll ha venido para

Linda Manz, que había debutado dos años antes en Días del cielo, *junto a Richard Gere, encarna a la rebelde CeBe. Aquí, con su padre (Dennis Hopper) recién salido de la cárcel.*

quedarse. Es mejor quemarse que desaparecer lentamente», afirmación esta última incluida por Kurt Cobain en su nota de suicidio en 1994 y que John Lennon rebatió en una entrevista aparecida en *Playboy* pocos días antes de su asesinato en diciembre de 1980: «La odio. Es mejor desaparecer como un viejo soldado que quemarse. Si él [Neil Young] estaba hablando de quemarse como Sid Vicious, olvídalo. (…) Para mí, hacer de Sid Vicious o Jim Morrison héroes es basura. Admiro a la gente que sobrevive».

Sin embargo, la protagonista de la película, una niña que juega a ser mujer, hace suyas las proclamas punk. Aboga por el sexo, la destrucción y la anarquía, promueve el fin de los *hippies* y abomina de la música disco. Al mismo tiempo, proclama su adoración por Elvis Presley y Sid Vicious, de los que lamenta que,

El punk se acaba imponiendo en la relación entre padre e hija como solución a las ilusiones perdidas.

ya muertos –Presley, en 1977; Vicious, en 1979– la hayan abandonado. (Solo le queda su padre.) Las dos figuras, extremos de una historia reciente son, en ese momento, el inicio y el final del rock. Presley simboliza la adoración por la figura paterna y ella va a hacer suyo el punk en el entorno áspero en el que crece: madre drogadicta, padre borracho y, descubrimos, pedófilo.

CeBe llega incluso a tocar junto a una banda punk: hace de baterista en una actuación de The Pointed Sticks, grupo canadiense creado en 1978 que interpreta dos canciones en el film. El fracaso de las esperanzas puestas en el regreso paterno conduce a CeBe –que, horas antes, había estado chupándose el dedo abrazada a su osito de peluche, en una alusión al clásico de Presley *Teddy Bear*, y que ahora está ataviada con chaqueta y gorra punk y con un imperdible traspasándole la mejilla– a un final drástico, pero coherente: es mejor quemarse que desaparecer lentamente.

CALLES DE FUEGO
(*Streets of Fire*)

1984. Estados Unidos. **Prod.:** Gordon Company y Silver Pictures. Lawrence Gordon y Joel Silver. **Dir.:** Walter Hill. **Guion:** Walter Hill y Larry Gross. **Fot.:** Andrew Laszlo. **Dec.:** John Vallone y James Allen. **Mont.:** Freeman Davies, Michael Ripps, Jim Coblentz y Michael Tronick. **Mús.:** Ry Cooder. **Canciones e intérpretes:** *Nowhere Fast* y *Tonight Is What It Means To Be Young*, Fire, Inc.; *Never Be You* y *Sorcerer*, Laurie Sargent; *Blue Shadows* y *One Bad Stud*, The Blasters; *Countdown To Love* y *I Can Dream About You*, Winston Ford; y *Deeper and Deeper*, The Fixx. **Dur.:** 90 minutos. **R.:** Michael Paré (Tom Cody), Diane Lane (Ellen Aim), Rick Moranis (Billy Fish), Amy Madigan (McCoy), Willem Dafoe (Raven).

ARGUMENTO: En otro tiempo, en otro lugar, el exsoldado Tom Cody es reclamado por su hermana para rescatar a Ellen, una popular cantante de rock y exnovia de Tom, que ha sido secuestrada por Raven, el líder de una banda de motoristas violentos.

CINE

Séptimo film de Walter Hill, justo después del exitoso *Límite: 48 horas* (1982), tiene cierto parentesco con *Los amos de la noche* (1978) por el protagonismo de las bandas callejeras y el estilo visual cercano a la MTV, aunque *Calles de fuego* es la única del director enmarcada el mundo de la música rock. De hecho el subtítulo la describe como «una fábula de rock &

Diane Lane encarnó a Ellen Aim, pero en las canciones hacía playback sobre la voz de las cantantes Laurie Sargent y Holly Sherwood, colaboradora habitual del productor Jim Steinman.

roll» y acto seguido un nuevo rótulo nos sitúa la acción en «otro tiempo, otro lugar». Ese enclave indeterminado, rodado mayoritariamente en estudio, desprende una atmósfera árida que evoca los primeros años del rock and roll, cuando la temida nueva música se asociaba a la delincuencia juvenil y a las bandas de motoristas y Frankie Lymon & The Teenagers cantaban aquello de «I'm Not a Juvenile Delinquent» («No soy un delincuente juvenil»). Así, la protagonista, una cantante de rock es secuestrada por los Bombers, una banda de violentos moteros en sus Harley Davidson cuyo líder surge de la penumbra en pleno concierto de la chica con su grupo, Ellen Aim and The Attackers (Ellen Objetivo y los atacantes, todo un resumen de la trama). Por otra parte, la película también deja ver la estima del director por el *western*, como acreditará en su filmografía posterior, en el perfil del héroe solitario salvador y en el duelo final de este con el líder de la banda, no con pistolas, sino a golpes de pico, más brutal.

ROCK

Diane Lane, que venía de actuar en tres films para Francis Ford Coppola, entre ellas las también callejeras *Rebeldes* y *La ley de la calle*, interpretaba a Ellen Aim, pero en las canciones hacía playback: en *Nowhere Fast*, *Never Be You*, y *Sorcerer*, sobre la voz de Laurie Sargent y, en *Tonight Is What Means To Be Young*, sobre la de Holly Sherwood; la primera y la última de estas cuatro canciones son las que cantan Ellen Aim and The Attackers al principio y al final de la cinta. Ambas piezas, aunque cantadas por vocalistas distintas, están compuestas por Jim Steinman, célebre productor y compositor de artistas como Meat

En 1984 un principiante Willem Dafoe, futuro Duende Verde cinematográfico, hizo su primer villano en Calles de fuego *y estrenó dos cintas más cuyos personajes tenían puntos en común con el Raven del film de Hill: era un motero delincuente en* The Loveless, *debut de Kathryn Bigelow, y un rockero en* Taberna salvaje.

Loaf o Bonnie Tyler, e interpretadas por el grupo Fire. Inc, de breve carrera, creado para la película y que publicó *singles* de los dos temas.

Paradójicamente la canción que tuvo mayor éxito, especialmente en verano de 1984, fue *I Can Dream About You*, una de las piezas que interpreta The Sorels, el grupo (ficticio) de *doo woop* que los protagonistas se encuentran en su camino; el actor que encarna al vocalista del grupo, Stoney Jackson, fue doblado por Winston Ford, aunque la canción fue un éxito, todavía radiado hoy día, en voz de su compositor, Dan Hartman. Otro nombre ilustre escondido en las composiciones es Stevie Nicks, vocalista de Fleetwood Mac y autora de *Sorcerer*, utilizada en una escena de transición en que la oímos (y vemos) −interpretada por Lane/ Sargent− en una pantalla de televisión.

El componente musical rockero no se acaba en las canciones. Hill volvió a contar para la banda sonora instrumental −como ya había hecho en *Forajidos de leyenda* (1979) y *La presa* (1981)− con el afamado guitarrista Ry Cooder, que imprimió acordes rock y blues al espacio sonoro del film en escenas como la del rescate de Ellen o la primera demostración de fuerza del protagonista en los créditos iniciales del film. Un toque de distinción para una película que, por otra parte, no se toma en serio ni a sí misma ni al rock, pero cuya «atmósfera general puede ser disfrutable y no se supone que tenga que ser un Shakespeare», como afirma Linda J. Sandahl.

Pese a estrenarse como héroe de acción en Calles de fuego, *el televisivo Michael Paré había debutado en cine el año anterior en el papel de un cantante de rock desaparecido en* Eddie y los Cruisers *(1983), personaje al que volvió a encarnar en una secuela de 1989.*

THIS IS SPINAL TAP

1984. Estados Unidos. **Prod.:** Spinal Tap **Prod.** Karen Murphy. Dir: Rob Reiner. **Guion:** Rob Reiner, Christopher Guest, Michael McKean y Harry Shearer. **Fot.:** Peter Smokler, en color. **Mont.:** Kent Beyda y Kim Secrist. **Canciones:** *Tonight I'm Gonna Rock You Tonight, Gimme Some Money, Big Bottom, All the Way Home, Hell Hole, Cups and Cakes, Heartbreak Hotel, Listen to the Flower People, Rock and Roll Creation, Lick My Love Pump, Heavy Duty, Stonehenge, Sex Farm, Jazz Odyssey.* **Dur.:** 82 minutos. **R:** Michael McKean (David St. Hubbins), Christopher Guest (Nigel Tufnel), Harry Shearer (Derek Smalls), Tony Hendra (Ian Faith, el mánager), Rob Reiner (Marty DiBergi).

La formación original de Spinal Tap al completo, de derecha a izquierda: los cómicos Harry Shearer, Christopher Guest y Michael McKean y los músicos Ric Parnell y David Kaff.

ARGUMENTO: **La banda británica de rock duro Spinal Tap regresa a Estados Unidos para realizar una gira tras una ausencia de seis años. El director Marty DiBergi aprovecha la ocasión y dirige un documental sobre la historia (tragicómica) de la banda.**

CINE

Debut en la dirección de Rob Reiner, futuro realizador de *La princesa prometida* (1987) o *Algunos hombres buenos* (1992), se trata de un falso documental en el que se traza en clave de parodia la trayectoria artística de la banda ficticia Spinal Tap, cuyo nombre se escribe sin el punto de la i y con diéresis en la n, en referencia a la banda británica *Motörhead*. Los principales integrantes de la banda están interpretados por los cómicos americanos Michael Mckean como el vocalista David St. Hubbins, Christopher Guest como el guitarrista Nigel Tufnel y Harry Shearer en la piel del bajista Derek Smalls. Por su parte, el propio Reiner encarna al director Marty DiBergi, referencia a Martin 'Marty' Scorsese, que ya había dirigido el documental *El últmo vals*, donde hacía entrevistas a los miembros de The Band.

El film, convertido en un clásico de la comedia, destaca formalmente por su apariencia de documento visual con la utilización de material de archivo, entrevistas, fragmentos de conciertos, interioridades de camerino... Para ello Reiner contó en la dirección de fotografía con Peter Smokler, quien había trabajado anteriormente en los documentales musicales *Celebration at Big Sur* (1971), de Baird Bryant y Johanna Deme-

trakas, sobre el Big Sur Folk Festival, y *Jimi Plays Berkeley* (1971), de Peter Pilafian, filmación de un concierto de Jimi Hendrix.

Spinal Tap en acción.

Aunque ya se había visto en televisión (NBC y BBC2) el falso documental *The Rutles: All
You Need is Cash* (1978), de Eric Idle y Gary Weiss, una parodia de los Beatles que se había
originado pocos años antes como sketch televisivo en el programa *Rutland Weekend Televi-
sion* de la BBC, This is Spinal Tap es el primer *mockumentary* musical cinematográfico. Su
origen también está en un programa de sketches, *The T.V. Show* (1979) de la ABC, en el que
participaban tanto Reiner como los tres actores; en dicho sketch se parodiaba el programa
musical de la NBC *The Midnight Special*.

ROCK

This is Spinal Tap es un hilarante retrato del *metal rock* a través de la parodia de situaciones reconocibles del mundo del rock, y por extensión, del mundo del espectáculo. Artistas pagados de sí mismos, trayectorias erráticas, desavenencias en el seno del grupo a causa de mujeres, escenografías grandilocuentes, mánagers desbordados, letras sexistas y provocadoras, discusiones con las discográficas...

Es célebre la mención a los bateristas de la banda muertos en extrañas circunstancias, incluida la asfixia por vómito, detalle que recuerda al deceso de Jon Bonham, baterista de Led Zeppelin, y al de Bon Scott, vocalista de AC/DC. Otro momento destacado es cuando el grupo se pierde en el interior de un gran local donde van a dar un concierto, anécdota asumida por muchos grupos como propia, aunque Guest reconoció que se inspiraron en un vídeo que vieron de Tom Petty en un concierto en Alemania en el que le sucedió algo parecido: el cantante abrió una puerta y se encontró en una pista de tenis.

Uno de los *sketches* más celebrados de la película es el del error en la escenografía de la canción Stonehenge, en el que tiene que haber una réplica imponente del monumento y acaba habiendo una miniatura ridícula alrededor de la cual bailan dos enanos. Esto recuerda a un incidente real en la gira americana *Born Again*, de Black Sabbath, a partir de octubre de 1983, donde pasó justo lo contrario: el Stonehenge de postín era enorme y no entró en el escenario. Sin embargo, la coincidencia fue pura casualidad –también había involucrado un enano– ya que las fechas de los dos hechos fueron demasiado cercanas y la situación del film fue ideada con anterioridad, como se puede comprobar en el corto de 20 minutos *Spinal Tap: The Final Tour* (1982), creado para buscar financiación para el film.

Las canciones del grupo estaban compuestas por Rob Reiner y los tres actores principales. Estos tenían experiencia musical en grupos cómicos (McKean y Shearer en The Credibility Gap; y McKean y Guest en Lenny and Squigtones, grupo ficticio de la serie *Laverne*

Uno de los momentos más hilarantes del film. La diseñadora de arte -cameo de Angelica Huston- entregando al mánager de Spinal Tap (Tony Hendra) la réplica en miniatura de Stonehenge para el espectáculo del grupo.

& *Shirley*, que publicó en 1979 su propio disco –*Lenny and Squiggy present Lenny and The Squintones*– y en el que Christopher Guest, que no aparecía en la serie, ya utilizaba el nombre de Nigel Tufnel como guitarrista del grupo). Por otra parte, los otros dos componentes de Spinal Tap sí tenían experiencia en grupos reales: Ric Parnell, que encarna al batería Mick Shrimpton, lo había sido de la banda británica Atomic Rooster, y David Kaff, el teclista Viv Savage en el film, lo había sido del grupo de rock progresivo británico Rare Bird.

La ficción se hizo realidad cuando, además de la banda sonora del film, Spinal Tap (McKean, Guest y Shearer) publicaron posteriormente dos discos más: *Break Like the Wind* (1992) y *Back from the Dead* (2009), que llegó a ser nominado a un Grammy como mejor álbum de comedia. Desde la película, los cómicos han ido retomando los personajes y apareciendo en programas de televisión, actos especiales, cortometrajes o haciendo conciertos (a veces teniendo de teloneros a The Folksmen, grupo ficticio *folk*, de los mismos cómicos, que contó con película propia: *Un poderoso viento*, dirigida por Guest en 2003). Entre los muchos ejemplos, Mckean y Shearer intervinieron (como Spinal Tap) en el videoclip *Ramones Aid* (1986) de la canción *Something To Believe In*, en el que el grupo punk satirizaba campañas solidarias como Hand Across America o vídeos como el célebre *We're the World*, de USA for Africa.

Marty DiBergi (Rob Reiner) entrevista a Nigel Tufnel (Christopher Guest).

Christian Bale y el director Todd Haynes en una imagen promocional de Velvet Goldmine.

VELVET GOLDMINE

1998. Reino Unido y Estados Unidos. **Prod.:** Zenith Productions y Killer Films. Christine Vachon. **Dir:** Todd Haynes. **Guion:** Todd Haynes, sobre un argumento de Haynes y James Lyons. **Fot.:** Maryse Alberti, en color. **Mont.:** James Lyons. **Mús.:** Carter Burwell. **Canciones e intérpretes:** *Neddle in the Camel's Eye, The Fat Lady of Limbourg* y *Dead Finks Don't Talk,* Brian Eno; *Hot One,* Shudder to Think; *People Rockin' People,* Nathan Larson; *Avenging Annie,* Andy Pratt; *Coz I Luv You,* Slade; *A Little of What You Fancy Does You Good!,* Lindsay Kemp; *Tutti Frutti,* The Venus in Furs con Callum Hamilton; *Do You Want To Touch Me,* Gary Glitter; *Band of Gone,* Freda Payne; *2HB, Ladytron* y *Bitter Sweet,* The Venus in Furs con Thom Yorke; *Sebastian, Baby's On Fire* y *Tumbling Down,* The Venus in Furs, con Jonathan Rhys Myers; *T.V. Eye, My Unclean* y *Gimme Danger,* The Wylde Ratttz con Ewan McGregor; *The Ballad of Maxwell Demon,* Shudder to Think con Jonathan Rhys Myers; *The Whole Shebang,* Grant Lee Buffalo; *Get In the Groove,* The Mighty Hannibal; *We Are The Boys,* Pulp; *Cosmic Dancer* y *Diamond Meadows,* T. Rex; *Virginia Plain,* Roxy Music; *Personality Crisis,* Teenage Fan club y Donna Matthews; *Satellite of Love,* Lou Reed; *Bitter's End,* Paul Kimble; *Make Me Smile (Some Up and See Me),* Steve Harley; y *20th Century Boy,* Placebo. **Dur.:** 118 minutos. **R:** Christian Bale (Arthur Stuart), Jonathan Rhys Meyers (Brian Slade), Ewan McGregor (Curt Wild), Toni Collette (Mandy Slade), Eddie Izzard (Jerry Devine).

ARGUMENTO: El periodista Arthur Stuart investiga el paradero del cantante de *glam rock* Brian Slade, una década después del escándalo en el que Slade simuló su propio asesinato en pleno concierto.

CINE

Tercera cinta de Todd Haynes y primera de las tres suyas que aborda la temática de la música rock, antes del biopic de Bob Dylan *I'm Not There* (2007) y el documental *The Velvet Underground*. Ganadora del premio a la mejor contribución artística en el Festival de Cannes y candidata al Oscar al mejor vestuario (Sandy Powell que, doblemente nominada, se venció a sí misma y obtuvo el galardón por la comedia histórica *Shakespeare In Love*), *Velvet Goldmine* es, mediante una estructura de investigación periodística, que bebe del *Ciudadano Kane* de Orson Welles, una inmersión en el glam rock inglés, estilo que significó en los años setenta un paso más en las implicaciones sexuales del rock al relacionarlo estéticamente con la libertad sexual –en España se conoció como gay rock–. Haynes, representante de New Queer Cinema, proyecta una mirada historicista y reivindica la figura de Oscar Wilde como el origen de lo que un siglo más tarde representarían esos cantantes de glam rock que lucían libremente maquillaje, purpurina, zapatos de plataforma y bisutería.

ROCK

Si bien en un principio la referencia a David Bowie había de ser más explícita, las quejas del cantante y las amenazas de querella provocaron cambios en el guion. Sin embargo, hay suficientes elementos para establecer el paralelismo entre Brian Slade, el protagonista del film y Bowie, máximo representante del glam rock. Así, Slade tiene un personaje escénico llamado Maxwell Demon, así como Bowie tenía el del extraterrestre Ziggy Stardust, del disco *The Rise and Fall of Ziggy Stardust* (1972). El film reproduce un concierto en el que Slade simula una felación, guitarra de por medio, a Curt Wild (Ewan McGregor), imitación del gesto sexual de Bowie/Ziggy Stardust al guitarrista Mick Ronson. En su animadversión hacia el proyecto, Bowie tampoco cedió los derechos de sus canciones para que pudieran ser incluidas; por ejemplo, estaba previsto utilizar *All the Young Dudes* y fue sustituida por *2 HB*, de Roxy Music, la formación de Brian Ferry. Al menos, el título de la película remite a la canción homónima de Bowie que

iba a formar parte del disco de Ziggy Stardust de 1972, pero que no se publicó hasta 1975 como cara B del *single Changes*. Por extensión, el personaje de la esposa de Slade, Mandy (Toni Collette), es una referencia a la exmujer de Bowie, Angie, y el agente Jerry Devine (Eddie Izzard) a Tony Defries, que lo fuera de Bowie e Iggy Pop.

Pop, al que Bowie produjo algunos discos tras la desaparición de The Stooges, es la otra gran referencia de la película, el modelo para el personaje de Curt Wild, el salvaje y bronco cantante al que interpreta Ewan McGregor y que tiene un publicitado romance con Slade. Aunque el corte y el color de pelo de Wild, incluso el nombre de pila, hacen recordar al líder grunge Kurt Cobain, el dato biográfico de una infancia en caravanas, la enérgica y agresiva manera de actuar en los conciertos, con el torso desnudo, o la costumbre de lanzarse al pú-

Jonathan Rhys Myers en su caracterización de Brian Slade/Maxwell Demon, trasunto de David Bowie/Ziggy Stardust.

43

blico para que este lo sostenga remiten al vocalista del grupo The Stooges, cuyas canciones *Gimme Danger* y *T.V. Eye* canta Wild en el film. En él hay también rasgos de otro cantante al que Bowie produciría álbumes de su carrera en solitario: Lou Reed. Wild estuvo sometido en su infancia a terapia de electroshock para corregir su homosexualidad, igual que le sucedió al vocalista de la Velvet Underground, y el beso aparecido en prensa entre Slade y Wild es una referencia al de Bowie con Reed en el Hotel Dorchester de Londres en 1973. Además, el nombre del grupo The Venus in Furs, banda que acompaña a Slade, está tomado de una canción de Reed.

Además, entre otras referencias al glam se encuentra el apellido del protagonista, que cita directamente al grupo británico Slade, cuya *Coz I Love You* suena en la escena en que un joven Arthur Stuart (Christian Bale) coge en la tienda de discos el álbum de Brian Slade. Precisamente la portada de *The Ballad of Maxwell Demon* emula la del primer disco del olvidado cantante americano de glam Jobriath, fallecido de SIDA en 1983.

La última vinculación del film con el rock sucedió después del estreno: dio pie a la segunda etapa de The Stooges, desde 2003 hasta 2016. Todo vino del hecho de que las bandas creadas para el film estaban formadas por integrantes de bandas de rock reales. Así, Venus In Furs contaba con Thom Yorke y Johnny Greenwood, de Radiohead, Andy McKay, de Roxy Music, Bernard Butler, de Suede, Paul Kimble, de Grant Lee Buffalo y Craig 'Clune' McClune, de la banda del cantautor David Gray. Para The Wylde Ratttz, que acompaña al personaje de Curt Wild, el trasunto de Iggy Pop, se reunió a Ron Asheton de The Stooges, Thurston Moore y Steve Shelley, de Sonic Youth, Mark Arm, de Mudhoney, Don Fleming, de Gumball y el bajista Mike Watt, de Minutemen. Este último afirmaba en el documental *Gimme Danger* (2016), de Jim Jarmusch, sobre The Stooges, que esa unión con motivo del rodaje desembocó en una serie de conciertos suyos con material de The Stooges y junto a Asheton y el guitarrista original de la banda, James Williamson, a los que finalmente se unió en 2003 Iggy Pop, con lo que la banda quedó refundada.

El film fue candidato al Oscar al mejor vestuario.

Un tercer grupo inventado, The Flaming Creatures, a los que Arthur Stuart ve en concierto, están encarnados por la banda británica Placebo, que versionan *20ʰ Century Boy*, de T. Rex, otro grupo emblemático del glam.

24 HOUR PARTY PEOPLE

2002. Reino Unido. **Prod.:** Revolution Films Productions. Andrew Eaton. **Dir.:** Michael Winterbottom. **Guion:** Frank Cottrell Boyce. **Consultor especial:** Tony Wilson. **Fot.:** Robby Muller, en color. **Mont.:** Trevor Waite. **Mús.:** Liz Gallacher (supervisora). **Canciones e intérpretes:** *24 Hour Party People, Tart Tart, Wrote For Luck, Loose Fit, Kinky Afro, Sunshine and Love y Hallelujah*, Happy Mondays; *No Fun y Anarchy in the U.K.*, Sex Pistols; *Even Fallen In Love with Someone You Should't've*, The Buzzcocks; *World in Motion, Blue Monday y Here To Stay*, New Order; *Money's Too Tight To Mention*, Simply Red; *Louie Louie*, Dave Gorman; *Louie Louie*, The Factory Allstars; *Solid Air*, John Martyn; *Make Up To Break Up*, Siouxsie and the Banshees; *The Passenger*, Iggy Pop; *In the City*, The Jam; *No More Heroes*, The Stranglers; *Wimoweh*, Karl Denver; *Janie Jones*, The Clash; *Dream of A Child y Jacqueline*, Durruti Column; *Bass Ace, A Message e Internal Dub*, Prince Far I and The Arabs; *Digital, She's Lost Control, Transmission, Love Will Tear Us Apart y Atmosphere*, Joy Division; *Standing In the Road*, Blackfoot Sue; *Flight y Skipscada*, A Certain Ratio; *Rowche Rumble*, Martin Moscrop; *Too Shy*, Margi Clarke; *Blue Monday*, John Simm; *Voodoo Ray*, A Guy Called Gerald; *Matschtalk Men and Matschtalk Cats and Dogs*, Brian and Michael; *Move Your Body*, Marshall Jefferson; *King of the Beats*, Mantronix; *Go*, Moby; *Belfast y Satan*, Orbital; y *What Would We Do*, DSK. **Dur.:** 112 minutos. **R:** Steve Coogan (Tony Wilson), Shirley Henderson (Lindsey), Sean Harris (Ian), Danny Cunningham (Shaun), Paddy Considine (Rob Gretton), Andy Serkis (Martin).

Tony Wilson (Steve Coogan), su esposa Lindsey (Shirley Henderson) y su socio Alan Erasmus (Lennie James) en un local antes de la fundación de The Haçienda.

ARGUMENTO: Tony Wilson, reportero de la televisión británica Granada TV, es relegado a informaciones locales que poco tienen que ver con sus ambiciones. Observador de los cambios que se están produciendo en la escena musical británica, decide dar cobijo en Manchester a nuevos grupos a través de un nuevo sello, Factory Records, y un nuevo local, The Haçienda.

Tony Wilson (izquierda) y quien lo encarna en la cinta, Steve Coogan.

ROCK

Después de dirigir el western *El perdón* (2000), Michael Winterbottom quiso realizar una película sobre música. Nacido en 1961 en Blackburn, ciudad cercana a Manchester, el cineasta británico se fijó en la escena mancuniana de los años ochenta que él había conocido. A partir de la figura del periodista y empresario Tony Wilson, *24 hour Party People* hace una retrato de la historia musical de la ciudad industrial desde 1976 hasta 1992, cuando era centro de atención con el surgimiento de grupos como Joy Division (New Order, tras el suicidio de su vocalista Ian Curtis) y Happy Mondays y la aparición de la cultura *rave* que originó a finales de los ochenta el término «Madchester».

Wilson, figura local popular por sus apariciones televisivas con sus reportajes de proximidad –el film se abre con la reproducción de uno en el que el protagonista (Steve Coogan) realiza un viaje en parapente y que incluye imágenes de la pieza original realizada por Wilson–, también había tenido en 1976 un programa musical, *So It Goes*, desde el cual promocionaba la nueva escena punk. De hecho, el recorrido que plantea la película se inicia en el concierto de los Sex Pistols en el Lesser Free Trade Hall el 4 de junio de 1976 –con imágenes reales de la actuación de la banda de Johnny Rotten– ante un público exiguo (unas 40 personas), pero entusiasta, entre el cual se encontraban jóvenes que tuvieron aquella noche la inspiración de formar sus propios grupos, como los futuros Joy Division.

Además, Wilson, fallecido en 2007, fundó en 1978 el sello Factory Records, en el que editarían grupos como Joy Division, Happy Mondays, Durruti Column, James o New Order, y creó en 1982 el club The Haçienda, los dos hechos sobre los que Winterbottom y el guionista Frank Cottrell Boyce desarrollan la acción. Sin embargo, Peter Hook, miembro fundacional de Joy Division y New Order, relativizaba en su libro sobre The Haçienda el interés de Wilson en el local: «Desde el principio todos veían el club como la criatura de Rob [Gretton, socio de Wilson]. Como decía Tony, "The Haçienda fue idea de Rob, porque no le dejaban hacer de DJ en ninguna otra parte de Manchester" (...) No creo que Tony lo hubiera intentado siquiera sin tener el respaldo de Rob, que infundía temor». (Gretton está encarnado en el film por Paddy Considine y Hook, por un joven Ralf Little, futuro protagonista de la serie *Crimen en el paraíso*.)

Sean Harris interpreta a Ian Curtis, vocalista de Joy División, que se suicidó en 1980, y de gran importancia en la primera parte del film. En 2007, Anton Corbijn dirigió el biopic Control, *en el que Curtis era encarnado por Sam Riley.*

De hecho, al film no solo no le importa incurrir en inexactitudes, sino que, además encuentra en ellas el tono preciso para abordar un contexto rico en historias caóticas, extrañas y difíciles de creer. El propio film lo confiesa a los espectadores cuando se incluye en un cameo a Howard DeVoto, vocalista de The Buzzcocks y organizador del referido concierto de los Sex Pistols, negando a cámara que hubiera mantenido relaciones sexuales con la esposa de Wilson en unos lavabos, episodio que acabamos de ver ficcionado en pantalla. Así, el film incluye historias reales conocidas como el envenenamiento de tres mil palomas por parte de los hermanos Shaun y Paul Ryder (Happy Mondays) y otras inventadas como el fragmento en el que Wilson es cazado por su esposa con unas prostitutas en una furgoneta.

Tony Wilson (Steve Coogan), uno de los espectadores privilegiados del concierto de los Sex Pistols en Manchester que lo originó todo en 1976.

CINE

El tono del film se adecúa a la manera de rodar de Winterbottom, abierto a la improvisación. En su autobiografía, Steve Coogan cuenta que el cineasta, con el que el cómico iniciaba en *24 Hour Party People* una larga colaboración en cine y televisión, «no tiene vestuario en el set, ni maquillaje, ni trailers, ni supervisor de guion. Ninguna indulgencia con los actores.(...) No hay lugar seguro. No existe un "fuera de cámara", porque Michael puede encenderla en cualquier momento. Te tienes que esconder en otra habitación si no te quieres arriesgar a ser filmado». Revelaba también que, en la escena del aeropuerto de Manchester en la que los Happy Mondays pateaban el mobiliario, Winterbottom había dado la orden a los actores de continuar hasta que los guardias les llamaran la atención ya que no tenía permiso para rodar allí.

The Haçienda tuvo que cerrar en 1997 por problemas económicos y fue derribada años más tarde. Al respecto, Hook revelaba en su libro que «tres semanas después [de la demolición], la empresa cinematográfica decidió reconstruir el club como plató (...) Costó 280.000 libras». La réplica se hizo en un almacén y fue prácticamente exacta: «Puede que la película fuera una narración distorionada del auge y la caída del local, pero nos proporcionó una forma apropiada de despedirnos (...) Y fue alucinante. Volver a The Haçienda, reconstruido hasta el último detalle −solo los márgenes eran diferentes− fue a la vez un sueño y una pesadilla», concluía Hook. Algo parecido experimentó Coogan: «No he vuelto a ver la película en toda una década porque me parecía demasiado real», escribió en su autobiografía. El actor había actuado en The Haçienda en 1986 haciendo un monólogo como telonero del grupo Mock Turtles, liderado por su hermano Martin y producido, además, por Martin Hannett, otra de las figuras primordiales (y excesivas) de la Factory, encarnada en el film por Andy Serkis, que en el mismo 2002 se haría conocido por su contribución a la creación del Gollum de *El señor de los anillos: Las dos torres*.

SOLO LOS AMANTES SOBREVIVEN
(*Only Lovers Left Alive*)

2013. Reino Unido, Alemania, Grecia y Francia. **Prod.:** Recorded Picture Company, Pandora Filmproduktion, Snow Wolf Prod., ARD Degeto, Lago Film y Neue Road Movies. Jeremy Thomas, y Reinhard Brundig. **Dir.:** Jim Jarmusch. **Guion:** Jim Jarmusch. **Fot.:** Yorick Le Saux, en color. **Mont.:** Affonso Gonçalves. **Mús.:** Jozef van Wissem y (música adional) Squrl. **Canciones e intérpretes:** *Funnel of Love*, Wanda Jackson; *Harissa*, Kasbah Rockers; *Can't Hardly Stand It* , Charlie Feathers; *Trapped By A Thing Called Love*, Denise LaSalle; *Under Skin Or By Name*, White Hills; *Red Eyes And Tears*, Black Rebel Motorcycle Club; *Hal*, Yasmine Hamdan; y *Little Village*, Bill Lasswell. **Dur.:** 115 minutos. **R:** Tom Hiddleston (Adam), Tilda Swinton (Eve), Mia Wasikowska (Ava), Anton Yelchin (Ian), John Hurt (Christopher Marlowe), Jeffrey Wright (Dr. Watson).

ARGUMENTO: Adam, vampiro centenario refugiado en Detroit como misterioso cantante de rock, está sumido en una depresión de tintes suicidas. Su esposa Eve, que vive en Tánger, viaja hacia él para consolarle. Sin embargo, la convivencia se ve alterada con la visita inesperada de la rebelde Ava, la hermana de Eve.

CINE

En su habitual y peculiar apropiación de géneros –desde el *western* (*Dead Man*, 1996) al terror (*Los muertos no perdonan*, 2019) pasando por el cine de samurais (*Ghost Dog*, 1999)–, el cineasta independiente Jim Jarmusch realizó en 2013 la comedia negra *Solo los amantes sobreviven*, su aproximación al cine de vampiros huyendo de las marcas del género: vampiros que vuelan en avión, que no buscan el daño ajeno sino que intentan conseguir la sangre por medios alternativos o cuya aversión al ajo es más psicológica que real.

Pese a que, en un principio, los nombres del matrimonio protagonista parecen remitir directamente a los Adán y Eva bíblicos, en realidad Jarmusch lo hacía a través de la obra de Mark Twain *El diario de Adán y Eva*. De hecho, el de Twain es uno de los muchos retratos que cuelgan enmarcados en el despacho de Adam –junto al de Joe Strummer, Bo Diddley, Patti Smith, Robert Johnson, Chrissie Hy-

Adam (Tom Hiddleston), un vampiro rockero.

Un deprimido Adam recibe la visita reconfortante de su esposa Eve (Tilda Swinton), en cuyos brazos se refugia.

La paz de Adam y Eve se ve alterada con la llegada de la hermana de ella, Ava (Mia Wasikowska), que pondrá encima de Ian (Anton Yelchin) algo más que los brazos.

Solo los amantes
sobreviven *era la tercera*
colaboración entre Tilda
Swinton y Jim Jarmusch,
después de Flores rotas
(2005) y Los límites
del control *(2009).*
Volverían a trabajar
juntos en Los muertos
no mueren *(2019).*

nde, Jimi Hendrix, Hank Williams, Iggy Pop, Neil Young o Tom Waits– y es uno de los personajes a los que el cineasta da su agradecimiento en los créditos finales. Además, Twain, igual que Jarmusch, negaba que William Shakespeare fuera autor de la obra inmensa que se le supone, teoría que expone en la película a través de la versión vampírica del poeta Christopher Marlowe, interpretado por John Hurt, a quien el director atribuye parte de la obra shakesperiana.

ROCK

Los variados retratos en el despacho de Adam incluyen escritores como Twain, Shelley, Kafka, Wilde o Austen, cineastas como Aki Kaurismaki, Claire Denis, Nicholas Ray, Fritz Lang o Luis Buñuel, cómicos como Harpo Marx, Buster Keaton o Rodney Dangerfield, pintores como Duchamp o Basquiat y compositores como Bach, Schubert o Frank Zappa, entre otros.

Una de las peculiaridades del protagonista, y detonante de la historia, es su estado depresivo. Jarmusch sume a Adam, de tradición romántica –frecuentó la compañía de los Shelley y Lord Byron y le proporcionó a Franz Schubert el *adagio* de un quinteto– en una crisis existencial producida por la decadencia de la raza humana –llama zombies a los humanos– que le lleva al intento de suicidio. La transformación de aquel intelectual romántico en misterioso músico de rock de tendencia autodestructiva en un Detroit desangelado –hogar de infancia de Jack White, como se explícita en el film– perfila también una versión pesimista del rockero que ya no encuentra su sitio, un Peter Pan consciente de que ha crecido, al mismo tiempo que otorga al personaje tipo del vampiro unas insólitas (y tragicómicas) ansias de desaparición existencial. El film, que se inicia con el universo metamofoseándose en disco de vinilo girando, esconde, tras su sugerente excentricidad, la mirada pesimista del cineasta.

La concepción de un rockero como vampiro, aportación de Jarmusch no solo al cine de vampiros sino también al cine rock, conduce a analogías entre uno y otro mundos: criaturas de la noche que experimentan un viaje psíquico cada vez que toman un chute que les mantiene activos y que buscan furtivamente transitando por callejas oscuras o traficando con dispensadores farmacológicos. Rockeros, vampiros y viceversa.

Por su parte, aunque la banda sonora instrumental está compuesta por el laudista neerlandés Josef Van Wissem, premiado en Cannes por el film, también contribuyó el trío Squrl, integrado por el productor Carter Logan, el ingeniero de sonido Shane Stoneback y el propio Jarmusch. Así explicaba en una entrevista en *Time Out* la inclusión de Squrl en el film: «Quería que la película estuviera impregnada de música, pero nuestro presupuesto era limitado y ¡Squrl trabaja barato! Decidí que en este momento de su vida Adán sería un antivirtuoso, por lo que utilizar Squrl tenía sentido: hacemos rock lento y minimalista (drone rock)».

BIOPICS

THE BUDDY HOLLY STORY
(*The Buddy Holly Story*)

1978. Estados Unidos. **Prod.:** Innovisions y ECA. Freddy Bauer. **Dir.:** Steve Rash. **Guion:** Robert Gittler, sobre un argumento de Alan Swyer basado en Buddy Holly. *His Life and Music*, de John Goldrosen. **Fot.:** Steven Larner, en color. **Mont.:** David Blewitt. **Mús.:** Joe Renzetti. **Canciones:** *Mockin' Bird Hill, Rock Around With Ollie Vee, That'll Be The Day, Everyday, Oh Boy, It's So Easy, Rave On!, Words Of Love, Listen To Me, Whole Lotta Shakin' Going' On, Maybe Baby, Well... All Right, True Love Ways, Peggy Sue, Not Fade Away y I'm Gonna Love You Too.* **R.:** Gary Busey (Buddy Holly), Don Stroud (Jesse), Charles Martin Smith (Ray Bob), MariaRichwine (María Elena). Dick O'Neil (Sol Glitter).

ARGUMENTO: Texas, 1956. Buddy Holly es un joven cantante que busca su sitio en el mundo de la música junto a su banda The Crickets pese a las objeciones familiares y comunitarias que no ven con buenos el rock and roll. Consigue atraer la atención de una discográfica.

PRIMER BIOPIC ROCK

Hollywood ya se había interesado por figuras de la música como el compositor Frédéric Chopin (*Canción inolvidable*, 1945, con Cornel Wilde), el letrista Cole Porter (*Noche y día*, 1946, con Cary Grant), el tenor Enrico Caruso (*El gran Caruso*, 1951, con Mario Lanza), el trompetista Glenn Miller (*Música y lágrimas*, 1954, con James Stewart) o el pianista Eddy Duchin (*Eddy Duchin*, 1956, con Tyrone Power), pero nunca se había fijado en un cantante de rock, aunque en los años previos ya eran objeto de atención representantes de la música folk contestataria como Joe Hill (la suecoamericana *Joe Hill*, 1971, con Thommy Berggren), Woody Guthrie (*Esta tierra es mi tierra*, 1976, con David Carradine) o el afroamericano Huddie Ledbetter (*Leadbelly*, 1976, con Roger E. Mosley); también la leyenda del jazz Billie Holiday (*El ocaso de una estrella*, 1972, con Diana Ross). Era cuestión de tiempo que se detuvieran en el rock. Y de hecho, tres meses antes del estreno de *The Buddy Holly Story*, apareció en salas *American Hot Wax* (1978), con Tim McIntire, biopic de Alan Freed, el disc-jockey que popularizó la etiqueta «rock'n' roll».

BUDDY HOLLY, EL ELEGIDO

Buddy Holly (1936-1959) tenía el perfil ideal para ser el primer rockero homenajeado en el cine sin riesgo de que la producción fuera acusada de glorificar hábitos o conductas polémicas. Genio musical, cantante desde los 13 años, exitoso a los 20, marido a los 21, sin escándalos ni problemas relacionados con drogas y fallecido trágica y prematuramente a los 22. El productor Freddy Bauer dijo a los padres y a la viuda, la portorriqueña María Elena Santiago, que haría de Buddy Holly «un héroe americano». No era el único proyecto que se había desarrollado sobre la vida de Holly, pero Santiago se decantó por éste, más modesto –sólo dos millones de dólares de presupuesto–, y no por el de la 20th Century Fox, *Not Fade Away*, que se canceló en 1977 tras dos semanas de rodaje. Gary Busey era el actor designado en *Not Fade Away* para encarnar a Jerry Allison, el batería de The Crickets, la banda de Holly, que, pese a ser un trío, en *The Buddy Holly Story* sería reducido a un dúo, un batería y un contrabajista, sin poder utilizar los nombres reales –Jerry Allison y Joe B. Mauldin– ya que estos habían firmado en exclusividad con la Fox.

LICENCIAS

No son las únicas libertades que tomó el film, muy criticado en su momento por la falta de precisión. La madre de Holly se quejó de que la película diera a entender que ellos no lo apoyaban en su carrera como cantante de rock y aseguraba que ella era la autora de la letra de *Maybe Baby*, uno de los éxitos de su hijo. El hermano mayor de Buddy dijo no reconocerle en la película y que se trataba solo de la visión que tenía María Elena. En 1987 Paul McCartney, fan de Holly, produjo el documental *The Real Buddy Holly Story*, de Richard Spence.

En cuanto a aspectos profesionales, la productora no llegó a un acuerdo con el productor musical Norman Petty, primordial en los inicios de Buddy Holly & The Crickets, y su figura no aparece en la película. Por otra parte, la cinta simplifica todo el proceso de publicación de su exitoso single *That'll Be The Day* a través de un supuesto error por el que la discográfica Coral Records habría publicado una demo sin el consentimiento del grupo. Además, la

Gary Busey, que dos años antes había encarnado al mánager y hermano del rockero protagonista (Kris Kristofferson) de Ha nacido una estrella, *fue la gran revelación de la película, donde se oía su propia voz cuando cantaba las canciones de Buddy Holly. También Don Stroud, como baterista, mostraba sus dotes musicales.*

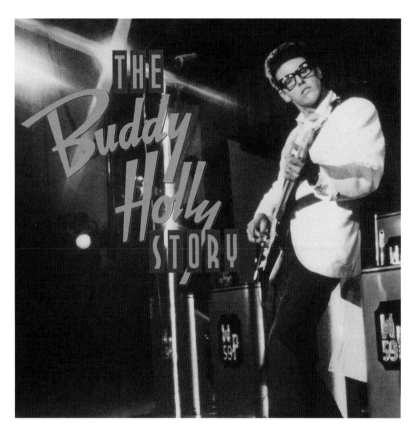

secretaria de Coral Records, según la película, era María Elena Santiago, cuando en realidad la futura esposa de Holly trabajaba para Murray Deutch, de la Peer Southern, que fue quien contactó con Coral Records para su publicación, tras recibir una demo de la canción enviada por Norman Petty; sin embargo, por una estrategia de la discográfica lo acabó publicando Brunswick en 1957 (tanto Coral como Brunswick eran subsidiarias de Decca, con la que Holly había tenido una mala experiencia el año anterior).

Hay otros dos episodios peculiares en el film. El primero, la intervención delirante de un locutor de radio, Madman Mancuso, que se encierra en el estudio y no para de emitir el single *That'll Be The Day* durante 14 horas. Está inspirado en un hecho real en el que el locutor Tom Clay, con el pseudónimo Guy King, emitió la pieza insistentemente. Los historiadores y biógrafos no se ponen de acuerdo. Hay quien dice que fueron 17 horas, alguno asegura que solo veinte minutos y Philip Norman, que «cada quince minutos más o menos».

El segundo es la contratación de la banda para actuar en el Apollo Theatre, de Harlem, un local en el que solo cantaban artistas negros para un público negro. Les contrataron porque pensaban que eran de esa raza, sin saber qué cara tenían. Si bien eso es cierto, en el film el grupo consigue el favor de la audiencia enseguida; en realidad, los dos primeros días les abuchearon hasta que al tercero tocaron al estilo del guitarrista y cantante afroamericano Bo Diddley. La familia de Sam Cooke, que aparece interpretado por Paul Mooney, que canta *You Send Me*, como el artista que les precede en el Apollo, se quejó del tratamiento que recibía el cantante en la película.

Por otra parte, aparece una primera novia llamada Cindy Lou. En una escena en coche Holly toca la canción *Cindy Lou*, como si la chica fuera la inspiración. En realidad, la Cindy Lou de la pieza era su sobrina y la canción acabaría siendo la famosa *Peggy Sue*, que era el nombre de la novia (y futura esposa) de Allison.

Pese a todas las imprecisiones o falsedades, propias del proceso de conversión de la realidad en una ficción, se desprende la voluntad de exaltación de un personaje, cuyos mayores pecados serían el perfeccionismo y la obsesión por el trabajo. Evita aspectos truculentos y acaba con la última actuación musical de Holly la noche en que murió en un accidente de aviación, a causa del mal tiempo, junto a Richie Valens (Gilbert Melgar en el film), The Big Bopper (Gailard Sartain, que interpreta *Chantilly Lace*) y el piloto Roger Peterson. Ese 2 de febrero de 1959 se conoce como el día que murió la música por la canción *American Pie*, de Don McLean, que así lo definía. La película está dedicada a los padres y la viuda de Holly, «los primeros que lo amaron».

EL ACTOR

La viuda de Holly no quería que la película la interpretara una gran estrella para que no desviara la atención. Además, al grabarse todas las actuaciones en directo, los tres actores debían tener conocimientos musicales. El elegido fue Gary Busey (1944), que ya había estado asociado al proyecto de la Fox, y había sido batería del grupo country Rubber Band. Busey, cuya caracterización física es irreprochable, consiguió su única nominación al Oscar. Su trabajo es encomiable, aunque vocalmente no alcanza la dulzura del modelo original. Permanece el gran hito en una carrera cercana a los doscientos títulos, la mayoría en papeles secundarios y de acción como *Un botín de 500.00 Dólares*, *Arma letal*, *Le llamaban Bodhi*, *Depredador 2*, *La tapadera* o *Carretera perdida*. El film obtuvo el Oscar a mejor banda sonora adaptada, más una tercera nominación al sonido.

Cindy Lou (Amy Johnston), la novia insoportable de Buddy Holly que nunca existió.

61

LA ROSA
(*The Rose*)

1979. Estados Unidos. **Prod.:** Twentieth Century Fox–Film. Marvin Worth y Aaron Russo. **Dir.:** Mark Rydell. **Guion:** Bill Kerby y Bo Goldman. **Fot.:** Vilmos Zsigmond, en color. **Mont.:** Robert L. Wolfe y C. Timothy O'Meara. **Canciones, interpretadas por Bette Midler:** *Let Me Call You Sweetheart, Whose Side Are You On?, Midnight in Memphis, When a Man Loves A Woman, I've Written A Letter to Daddy, Fire Down Below, Keep On Rockin', Sold My Soul to Rock and Roll, Love Me With A Feeling, Stay With Me* y *The Rose.* **Dur.:** 128 minutos. **R.:** Bette Midler (Rose), Alan Bates (Rudge Campbell), Frederic Forrest (Houston Dyer), Barry Primus (Denis), Sandra McCabe (Sarah), Harry Dean Stanton (Billy Ray).

ARGUMENTO: Años sesenta. The Rose, una estrella del rock con problemas con la bebida, quiere descansar una temporada, pero su agente Rudge se lo prohíbe. Rose se enamora de Dyer, un militar en crisis, con quien planea irse después de la gira que está realizando por varias ciudades, entre ellas, la suya, donde espera ser recibida como una estrella.

El director Mark Rydell siempre contó con Bette Midler para protagonizar el film, incluso cuando no era demasiado conocida.

¿BIOPIC DE JANIS JOPLIN?

Desde la muerte de Janis Joplin por sobredosis en 1970 a los 27 años, Hollywood se ha interesado repetidamente en producir un biopic de la cantante y son varios los proyectos que se han desarrollado sin éxito. El primero fue *Pearl* –así se titulaba el álbum póstumo de la cantante–, ofrecido a Mark Rydell poco después de la desaparición de Joplin. El director de *Permiso para amar hasta medianoche* (1972) puso como condición que Joplin fuera encarnada por Bette Midler, por entonces una joven y poco conocida cantante de una sauna gay (Continental Baths) que hacía sus pinitos en Broadway. La Fox rechazó la idea y Rydell salió del proyecto, pero cuando, poco tiempo después, la artista empezó a ser famosa –en 1974 ganó un premio Tony especial–, la productora se volvió a poner en contacto con Rydell. Según cuenta el director en el DVD del film, fue él quien rechazó la idea de hacer un biopic de Joplin para decantarse por una historia de ficción utilizando aspectos biográficos de ella y, de

este modo, tener mayor libertad. En entrevistas de la época, Midler contaba que había sido ella la que había propuesto el cambio de orientación porque respetaba mucho a Joplin. Sin embargo, hay una tercera y plausible explicación: la familia de Joplin se habría negado a dar la autorización. De hecho, este parece ser el motivo recurrente para que, después de medio siglo, no se haya materializado ningún gran proyecto de ficción sobre Joplin. Así, en 2016 se acabó frustrando *Get It While You Can*, iniciado en 2010 y que iba a protagonizar Amy Adams bajo la dirección del canadiense Jean-Marc Vallée. Más posibilidades tenía de hacerse realidad *Love Janis*, de Sean Durkin, con Michelle Williams, basado en la biografía homónima escrita por la hermana de la fallecida, Laura Joplin, pero, de momento, tampoco ha llegado a buen puerto.

Mejor suerte han tenido los documentales, siempre con la familia Joplin atenta. En 1975 Howard Alk y Seaton Findlay realizaron el clásico *Janis*, recopilación de actuaciones y entrevistas de la cantante que, ya fuera, como dice Farrell, por el control de Albert Grossman, mánager de Joplin, o por, como afirma Munsó, el compromiso del productor de la cinta con los padres de la cantante, no se hacía mención ni de los problemas con la droga y el alcohol ni de la bisexualidad de Joplin. De esos temas sí se hablaba ligeramente en el documental *Janis* (2015) de Amy Berg, que contaba con la participación de los hermanos de la cantante y que profundizaba en el lado íntimo de la biografiada con la lectura de cartas familiares.

La película expone la difícil relación de una estrella del rock con su mánager, aquí encarnado por Alan Bates.

RASTROS DE JANIS

Sea como fuere, la solución tomada se reveló eficaz. Sin ser una biografía oficial de Joplin, el nombre de la cantante revoloteó en torno a *La rosa* desde su estreno. La presentación de Rose en el film, a punto de bajar por las escaleras de un avión, con síntomas de ebriedad y ataviada con colores suaves y un vestido holgado, es una declaración de intenciones y remite a Joplin.

Además hay, como decía Rydell, capítulos biográficos de ella o rasgos de personalidad que tienen su reflejo en el film, especialmente la relación que tenía con su lugar natal, Port Houston (Texas). Tal como se ve en los mencionados documentales, Joplin se sentía bandeada en

Janis Joplin, la inspiración de The Rose.

La película destaca por la fuerza e intensidad de Bette Midler en los conciertos de The Rose.

el instituto por su manera diferente de comportarse y vestir; en la Universidad del estado fue nombrada «el hombre más feo del campus». Por eso era importante para ella regresar a su tierra habiendo conseguido el éxito y la fama y, unas semanas antes de morir, volvió a una reunión de antiguos estudiantes donde fue el centro de atención. En la película, Rose ansía el concierto en su ciudad. Espera ser recibida con admiración, pero no todos la reconocen y alguno de sus antiguos compañeros todavía la recuerda por su promiscuidad.

Por otra parte, además de la voz rasgada y la intensidad de sus actuaciones, la Rose del film, también bisexual, comparte con Janis una insatisfacción personal que le lleva a recurrir fatalmente a las drogas tras una experiencia pasada con ellas aparentemente superada, igual que Janis. El documental de Berg aportaba el dato sobre una historia de amor en la que uno de sus últimos amantes le había escrito una carta para volver juntos. Joplin no llegó a leer la carta y murió esa noche en una habitación de motel. Como el propio documental acredita, Joplin llegó a hablar al público de sus conciertos sobre sus problemas amorosos con los hombres, igual que Rose.

Un detalle final que hermana la película con la vida de la cantante de rock es el nombre de Paul A. Rothchild, productor tanto de la banda sonora del film como del último disco de la artista, *Pearl*.

BANDA SONORA

Las canciones de la banda sonora no son piezas originales compuestas para la película, sino que Midler las eligió a partir de una selección previa de Rothchild. Entre ellas, había los clásicos soul *When a Man Loves A Woman*, de Otis Redding, que canta en el concierto de Nueva York y que fue el primer *single* del álbum de la película, o *Stay With Me*, de Lorraine Ellison, la última pieza que interpreta entera Rose antes de los créditos finales. En estos suena la balada *The Rose*, que ganó el Globo de Oro y le reportó a Midler el Grammy como mejor intérprete femenina. Sin embargo, ni siquiera estuvo nominada al Oscar ya que, aunque no se había publicado previamente, la autora de la pieza, Amanda McBroom, no la había compuesto para el film. La había escrito dos años antes y la había cantado en locales e, incluso, en un programa de televisión local. Por su parte, Midler recibió por su entregada interpretación dos Globo de Oro (actriz de musical y actriz debutante) y la nominación al Oscar, una de las cuatro que recibió la cinta; actor de reparto (Frederic Forrest), montaje y sonido, fueron las otras.

Los conciertos de la película se rodaron en el Embassy Auditorium y el Wiltern Theatre de Los Angeles, exceptuando el último, que tuvo lugar en el Veterans Memorial Stadium, de Long Beach (California), a cuyos asistentes, extras remunerados, se les pidió que llevaran ropa de los años sesenta. Estas escenas, gracias en parte al inmenso trabajo de la actriz, permanecen como lo más destacado de un film que, al no ceñirse al relato biográfico de la cantante que lo inspira se entretiene en meandros melodramáticos algo trillados y le hace perder autenticidad. Cabe mencionar la participación de Harry Dean Stanton como cantante de country que critica salvaje y rudamente a Rose; una representación del enfrentamiento entre el country y el rock, percibido este como signo amenazante del cambio de los tiempos.

El film validó a Bette Midler como actriz dramática, más allá de su talento para la música y la comicidad.

GRAN BOLA DE FUEGO
(*Great Balls of Fire!*)

1989. Estados Unidos. **Prod.:** Orion. Adam Fields. **Dir.:** Jim McBride. **Guion:** Jack Baran y Jim McBride, basado en el libro *Great Balls of Fire: The Uncensored Story of Jerry Lee Lewis* (1982) de Myra Lewis y Murray Silver. **Fot.:** Affonso Beato, en color. **Mont.:** Lisa Day, Pembroke Herring y Bert Lovitt. **Canciones e intérpretes:** *Crazy Arms, Whole Lotta Shakin' Goin' On, I'm Throwing Rice ath the Girl That I Love, Great Balls of Fire, High School Confidential, Breathless, I'm On Fire, That Lucky Old Sun* y *Real Wild Child (Wild One)*, Jerry Lee Lewis; *Big Legged Woman*, Booker T. Laury; *Honey Don't*, Carl Perkins; *Raunchy*, Bill Justis; *Teddy Bear*, Elvis Presley; *Lover*, Les Paul & Mary Ford; *Rudolph the Red Nosed Reindeer*, Gene Autry; *As You Desired Me*, Bill Doggett; *Rocket 88*, Jackie Brenston; *Patricia*, Pérez Prado; *Beat Guitar*, The Wailers; *Singing & Swingin' for Me*, Bill Boyd's Cowboys Ramblers; *Happy Organ*, Dave Baby Cortez; y *Last Night*, The Mar–Keys. **Dur.:** 103 minutos. **R.:** Dennis Quaid (Jerry Lee Lewis), Wynona Ryder (Myra Gale Lewis), John Doe (J. W. Brown), Trey Wilson (Sam Phillips), Alec Baldwin (Jimmy Swaggart), Stephen Tobolowsky (Jud Phillips).

ARGUMENTO: El pianista Jerry Lee Lewis ve peligrar su ascenso como el nuevo rey del rock tras la marcha de Elvis Presley al servicio militar, cuando se casa con su sobrina segunda Myra, de solo trece años. Es el inicio del descenso de su carrera.

JERRY LEE LEWIS, UN REBELDE DE COMEDIA

Dos años antes de que Oliver Stone imprimiera su toque personal, grave y áspero, al biopic dedicado a Jim Morrison (*The Doors*), Hollywood todavía iba con pies de plomo al abordar la vida espinosa de los cantantes de rock. Jerry Lee Lewis (1935) había representado como ninguno de los primeros rockeros el temor de los padres que consideraban dañino aquel revolucionario estilo de música. (En este sentido el film transmite bien el componente sexual del rock en las impetuosas actuaciones del protagonista.)

Nacido en Luisiana, Lewis tuvo contacto desde pequeño con la música negra que admiraba. Sus padres hipotecaron la casa familiar para comprarle un piano cuando era niño, pronto mostró señales de rebeldía y fue expulsado de una escuela re-

La película reproduce el episodio en el que Jerry Lee Lewis incendió el piano antes de la actuación de Chuck Berry.

Jerry Lee Lewis (Dennis Quaid), eterno adolescente, junto a su futura esposa Myra (Winona Ryder), de solo trece años.

ligiosa por sus fugas constantes a clubes donde él tocaba música negra. A los 18 años ya se había casado dos veces y a los 22, en pleno inicio metéorico de su carrera en 1957, lo hizo por tercera vez con una sobrina lejana de solo trece años, Myra. El descubrimiento de este matrimonio por parte de la prensa a raíz de la decisión de llevar a la joven a la gira británica de 1958 frenó su prometedora carrera. Con Myra, la tercera de sus siete esposas, estuvo casado hasta 1970.

Basada en las memorias de Myra, *Gran bola de fuego* plantea ese período de la vida de Lewis desde un tono de comedia, exceptuando los episodios tardíos en que, ya abocado al ostracismo, Lewis se entrega al alcohol y llega a golpear a su joven esposa. Sin embargo, un tema tan delicado como la relación con una menor, incluso su desvirgamiento, y la furibunda reacción paterna, están tratados como una comedia: la irrupción en el estudio del padre de Myra pistola en mano, la sorpresa y huida de Lewis por las inesperadas dotes amatorias de su esposa adolescente, el regreso posterior al lecho conyugal con la música de *Lo que el viento se llevó* de fondo... La película quita hierro al asunto: en su primer encuentro Lewis y Myra mascan chicle, lo que los iguala y define al pianista como un adolescente eterno. Al tono ligero también contribuye la excesiva y enérgica interpretación de Quaid, que no ahorra muecas ni tics.

QUAID, UN LEWIS HISTRIÓNICO

Pese a que previamente se había relacionado con el proyecto a los actores Mickey Rourke o Gary Sandy –amigo de Jerry Lee Lewis y protagonista de la popular serie *Radio Cincinatti*–, finalmente fue Dennis Quaid el elegido cuando se adjudicó la dirección al neoyorkino Jim McBride. McBride y Quaid habían trabajado juntos en *Querido detective* (1986), por la cual el actor había obtenido el Premio Independent Spirit y el del Festival de Cine de Valladolid. Sin embargo, su trabajo pasó sin pena ni gloria, igual que la película, y al contrario de la interpretación como Myra de una Winona Ryder de 17 años recién cumplidos que ya empezaba a despuntar.

En cuanto a dotes musicales, Quaid recibió clases de piano y estaba previsto que cantara las canciones de la película, pero finalmente fue el propio Lewis el que se encargó de ambas tareas, tal como certifican los créditos finales: «Piano and vocals for Jerry Lee Lewis performed by the Killer himself» («Piano y voz de Jerry Lee Lewis interpretados por el propio Asesino»), en alusión a uno de los motes profesionales del cantante, The Killer. Lee Lewis y Quaid protagonizaron el videoclip de la canción *Great Balls of Fire* con motivo de la aparición de la película; la pieza visual se centra mayoritariamente en Lewis. Paradójicamente, el cantante expresó posteriormente su rechazo por el film que, en sus créditos finales, incluye unos agradecimientos especiales al artista.

Quaid, de 35 años, popular en los años ochenta con films como Elegidos para la gloria *(1983),* Enemigo mío *(1985) o* El chip prodigioso *(1988), se enfrentaba al mayor reto interpretativo de su carrera.*

El personaje de Jerry Lee Lewis desataba la expresividad facial de Dennis Quaid.

EPISODIOS REALES

Aunque por contrato se le prometió una participación en el guion a Myra, autora del libro, la exmujer del cantante reveló posteriormente que solo se le había enviado el guion. Pese a las quejas de Murray Silver, coautor del libro, sobre la poca fidelidad de la adaptación en relación con la realidad, el film recoge episodios conocidos de la vida del pianista, como la ya mencionada visita escándalo de Lewis y esposa al Reino Unido o el famoso enfrentamiento con Chuck Berry en el que Lewis, al no poder cerrar el concierto en el que participaban los dos, aceptó finalmente ser su telonero; acabó incendiando el piano en el que tocó para asegurarse de que Berry no igualase la espectacularidad de su número.

Por otra parte, el film se inicia en 1944, con Lewis escapándose de niño a un local de música negra junto a su primo Jimmy (encarnado en edad adulta por Alec Baldwin), al que posteriormente vemos como enfervorizado predicador. Personaje real, Jimmy Swaggart, nacido el mismo año que su primo, abandonó sus intereses musicales por la religión y se convirtió en el pionero de los telepredicadores americanos, además de inmisericorde juez de la moral cristiana. Irónicamente, en 1988, meses antes del inicio del rodaje del film, Swaggart había sido cazado *in fraganti* alquilando los servicios de una prostituta en un motel, lo que supuso el fin de su credibilidad y de su reinado televisivo.

THE DOORS
(*The Doors*)

1991. Estados Unidos. **Prod.:** Carolco Pictures, Imagine y Bill Graham Films. Bill Graham, Sasha Harari y Alex Kitman Ho. **Dir.:** Oliver Stone. **Guion:** J. Randal Johnson y Oliver Stone. **Fot.:** Robert Richardson, en color. **Mont.:** David Brenner y Joe Hutshing. **Canciones e intérpretes:** *Riders On the Storm, Love Street, Ghost Song, Indian Summer, Break On Through, Light My Fire, Crystal Ship, The End, Alabama Song, People Are Strange, Strange Days, End of the Night, Wild Child, When The Music's Over, Back Door Man, You're Lost, Little Girl, The Spy, Not To Touch The Earth, Love Me Two Times, Touch Me, Soft Parade, The Severed Garden, Five To One, Roadhouse Blues* y *L.A. Woman*, The Doors; *California Sun*, The Rivieras; *Heroin* y *Venus In Furs*, Velvet Underground; *Hang On Sloppy*, The McCoys; *Time Has Come Today*, The Chambers Brothers; *She's About A Mover*, Sir Douglas Quintet; y *Eve Of Destruction*, Pride in Peril. **Dur.:** 135 minutos. **R.:** Val Kilmer (Jim Morrison), Meg Ryan (Pamela Courson), Kyle MacLachlan (Ray Manzanek), Frank Whaley (Robby Krieger), Michael Wincott (Paul A. Rotchild), Kathlenn Quinlan (Patricia Kennealy).

ARGUMENTO: Jim Morrison deja de estudiar cine en la UCLA a mediados de los sesenta y crea junto a su compañero Ray Manzanek la banda de rock The Doors. Su manera provocativa y sexual de actuar, sus altercados con la ley y sus múltiples infidelidades marcan su trayectoria personal y profesional hasta su muerte en 1971 a los 27 años en Paris.

Los Doors cinematográficos: Kyle MacLachlan (Ray Manzanek), Val Kilmer (Jim Morrison), Frank Whaley (Robby Krieger) y Kevin Dillon (John Densmore).

BIOPIC DE AUTOR

Jim Morrison (1943–1971) era la antítesis de Buddy Holly. Consumidor de drogas y alcohol, provocador en los escenarios que no eludía los escándalos, tuvo problemas con la ley que afectaron a su actividad profesional en los dos últimos años de carrera y falleció en su reclusión parisina a causa de una parada cardíaca que desató especulaciones. Su vida casa difícilmente con el acostumbrado biopic higienizado y ensalzador de procesos redentores. Una personalidad tan apabullante y conflictiva había de ser llevada a la pantalla por un director que se alejara de los biopics convencionales. Aunque primero se relacionó a Ron Howard –su compañía Imagine es una de las productoras de la cinta–, finalmente quien se encargó de dirigirla fue Oliver Stone, para el que la figura de Morrison era una suerte de referente, como se desprende de las memorias del cineasta, *Chasing the Light*. Stone, cronista del lado oscuro de la historia americana del siglo XX –desde Vietnam (*Platoon*) a la presidencia de George Bush hijo (*W.*) pasando por el asesinato de Kennedy (*JFK, caso abierto*) o el período

La acensión de The Doors fue rápida a mediados de la década de los sesenta.

Nixon (*Nixon*)– supo hacer un biopic de autor en el que imprimió un toque personal, en forma y fondo, a una estructura enciclopédica propia de los biopics que abarcan toda la vida del biografiado.

Así, la película se inicia en Nuevo México en 1949, con un pasaje infantil en el que la familia Morrison circula por una carretera polvorienta en la que el niño Jim ve el cadáver de un indio, motivo que va a atravesar todo el metraje otorgándole al protagonista, interesado en el chamanismo, un halo entre espiritual y alucinado. La próxima parada es en 1965 en Venice Beach y en la Escuela de cine de la UCLA en la que Morrison estudió antes de dedicarse a la música –el propio Stone hace un cameo como profesor de cine. Desde entonces hasta la muerte en 1971, una serie de rótulos temporales van a segmentar el film señalando momentos importantes en la trayectoria de Morrison y su grupo: una actuación en el local Whisky A-Go-Go de Los Angeles de 1966 –donde el grupo, en realidad, llevaba tocando desde hacía meses– tras la que Jac Holzman y Paul A. Rothchild, presidente y productor de Elektra Records respectivamente, les ofrecen grabar su primer disco; la aparición al año siguiente en *The Ed Sullivan Show*, programa de variedades y trampolín televisivo para las bandas de rock que eran intoducidas a un público mayoritario de la mano de Sullivan, presentador veterano que aparece caricaturizado en el film como un mero busto parlante antediluviano al que le importa poco la nueva música ya que se pidió a The Doors que cambiaran la letra de *Light My Fire* en la actuación para atenuar sus connotaciones alucinógenas, algo que Morrison no hizo; o el concierto en Miami de 1969 por el que el vocalista fue acusado de exhibicionista –se decía, sin pruebas, que había enseñado su pene al público– y haber simulado una felación, escándalo que le supuso al grupo la cancelación de varios conciertos y provocó un juicio al cantante en el que fue encontrado culpable.

Meg Ryan encarna a Pamela Courson, la pareja de Morrison, fallecida en 1974 a los 27 años por sobredosis.

La película presta atención al lado escandaloso de Morrison y sus problemas con la ley.

El film da fiabilidad a la controvertida figura de la periodista Patricia Kennealy, encarnada por Kathleen Quinlan (imagen). Kennealy, fallecida en 2021 a los 75 años, aparece acreditada en la cinta como asesora técnica.

La película tiene predilección por el lado escandaloso inherente al personaje y eso incluye, además, su vida amorosa: la relación agitada con su novia Pamela Courson a causa de las infidelidades del cantante, centradas en el film en la periodista Patricia Kennealy, que, en la realidad, llegó a cambiarse el apellido por Kennealy-Morrison. En los créditos finales, se agradece a los miembros de The Doors por su ayuda en el rodaje y al libro *Riders On The Storm*, del baterista John Densmore.

EL ACTOR

Aunque los nombres de John Travolta, Tom Cruise, Jason Patric y el cantante de INXS, Michael Hutchence, habían sido relacionados con el proyecto, finalmente el actor elegido para interpretar a Jim Morrison fue Val Kilmer, de ascendencia cherokee y con cierto parecido al cantante. Hasta el momento

Interesado antes por el cine que por la música, Jim Morrison llegó a codirigir e interpretar al final de su joven vida el mediometraje HYW.

Kilmer había protagonizado la comedia rockera *Top Secret* (1984), su debut, en el que ejercía de remedo de Elvis Presley, la comedia de aventuras *Willow* (1988), de Ron Howard, y el thriller independiente *La muerte golpea dos veces* (1989) sin consolidarse como estrella de Hollywood, donde también había encarnado al rival de Tom Cruise en *Top Gun* (1986), de Tony Scott, para quien más tarde interpretaría a Elvis Presley como mentor onírico del protagonista de *Amor a quemarropa* (1993).

Para las actuaciones musicales, Kilmer junto al resto de actores, recibió entrenamiento por parte de los miembros de la banda Robbie Krieger y John Densmore y de Paul A. Rothchild, que también ejerció de productor musical de la banda sonora (como había hecho anteriormente de *La rosa*). La tecnología permitió aislar la voz de Morrison de las grabaciones originales e insertar en su lugar la de Kilmer; en cambio, la voz de Morrison se oye en las canciones de The Doors que suenan de fondo a lo largo del metraje.

JIM MORRISON Y EL CINE

Tal como muestra la película, el vocalista de The Doors se interesó por el cine antes que por la música y llegó a licenciarse en junio de 1965 en estudios de cine en la UCLA (Universidad de California, Los Angeles). Su trabajo de prácticas, una sucesión de imágenes sin hilo narrativo conductor, obtuvo una baja calificación, una D, y muchas críticas de profesores y compañeros, lo que descorazonó a Morrison.

En ese periodo la futura estrella rock participó como actor en el corto *Induction* (1965) de Ray Manzanek, teclista del grupo y compañero universitario. En 1969, después del parón obligado por el incidente de Memphis, Morrison protagonizó el mediometraje *HWY: An American Pastoral* (1969), codirigido por el propio Morrison junto a Frank Lisciandro (excompañero de la UCLA), Babe Hill (amigo personal) y Paul Ferrara, director del documental sobre The Doors *Feast of Friends* (1969). En *HWY*, Morrison interpreta a un autoestopista que vaga por el desierto; en off, recuerda el incidente de su infancia en que vio un accidente en la carretera con indios americanos recreado en el inicio de *The Doors*. Imágenes del mediometraje fueron integradas por Tom DiCillo en su documental sobre la banda, *When You're Strange* (2009), para aportar un elemento poético en el que se fantaseaba con que Morrison estuviera vivo y escuchara por la radio la noticia de su propia muerte. *HWY* partía de un guion anterior de Morrison, *The Hitchhiker*, sobre un autoestopista que asesinaba a todo aquel que se encontraba. Según su biógrafo Stephen Davis, «*The Hitchhiker* resumía misteriosamente el clima peligrosamente a la deriva del Los Angeles de 1969».

The Doors: John Densmore, Robby Krieger, Ray Manzanek y Jim Morrison.

LAST DAYS
(*Last Days*)

2005. Estados Unidos. **Prod.:** HBO Films y Meno Film. Dany Wolf. **Dir.:** Gus Van Sant. **Guion:** Gus Van Sant. **Fot.:** Harris Savides, en color. **Mont.:** Gus Van Sant. **Canciones e intérpretes:** *Venus in Furs,* Velvet Underground; y *On Bended Knee,* Boyz II Men. **Dur.:** 93 minutos. **R.:** Michael Pitt (Blake), Lukas Haas (Luke), Asia Argento (Asia), Scott Patrick Green (Scott), Ricky Jay (Detective), Kim Gordon (Mánager).

ARGUMENTO: El cantante de rock Blake vive una crisis personal y se ha refugiado en su casa en el bosque para componer junto a colegas. Pasea por la casa, por los alrededores, abstraido, ensimismado. Visitan la propiedad personajes extraños de los que intenta huir.

ENSAYO FÍLMICO

Aunque los créditos finales definen la película como «un trabajo de ficción» y de «ficticios» a los personajes, también reconocen que «está inspirada, en parte, en los últimos días de Kurt Cobain», líder del grupo Nirvana a cuya memoria está dedicada (1967-1994). El film forma parte de la trilogía de la muerte de Gus Van Sant, junto a *Gerry* (2002), sobre dos amigos que caminan en un paraje inhóspito y solitario, y *Elephant* (2003), inspirada en la matanza de Columbine. Comparten un mismo estilo que huye de una narración convencional en el

Michael Pitt encarna a Blake. Además de actor, Pitt fue vocalista y fundador del grupo de grunge Pagoda.

que se permite planos largos contemplativos y repeticiones de acciones: en *Last Days* vuelve en dos ocasiones a situaciones anteriores desde puntos de vista distintos para completar toda la secuencia. Así, Gus Van Sant, cineasta en cuya carrera ha alternado producciones personales como las mencionadas con films de estudio como el *remake* de *Psicosis*, *Tierra prometida* o *Descubriendo a Forrester*, utiliza el recuerdo del vocalista de Nirvana para tejer un retrato misterioso, ora angustioso ora absurdo, de una estrella del rock en crisis.

RASTROS DE COBAIN

Cobain, a quien Guillot define en su *Historia del rock* como «arquetipo del artista torturado e incapaz de hacer frente de una manera adulta a la podredumbre que envuelve el negocio del rock», se suicidó a los 27 años en 1994 con una escopeta en su mansión de Seattle (aunque todavía hay teorías conspiratorias que abogan por el asesinato como las esgrimidas por los documentales *¿Quién mató a Kurt Cobain?* {1998} de Nick Broomfield y *Soaked in Bleach* {2015} de Benjamin Statler).

En su comportamiento errático, Blake se viste con ropa interior de mujer.

El film reconoce haberse inspirado en los últimos días de Kurt Cobain.

Blake aparece como un personaje huidizo y ensimismado en su mundo y sus demonios. El film adopta diversos tonos, desde el terrorífico al cómico, expresión de la fragmentación y el caos interior del protagonista. Después de pasar una noche a la intemperie, Blake camina por el bosque circundante y la cámara lo muestra por la espalda como una criatura extraña y amenazante que acecha la mansión, construcción parecida a la de Cobain.

Transita por la casa, se viste con ropa interior de mujer, entra en las habitaciones en las que duermen sus amigos, les apunta con una escopeta. Huye del contacto humano, tanto de los peculiares personajes que visitan el lugar —unos gemelos evangelizadores, un detective [Courtney Love, esposa de Cobain, había contratado un detective antes de su muerte para intentar localizarlo]—, como de sus amigos y se refugia en la caseta en la que luego morirá. Blake no atiende a las razones de su mánager —encarnada por Kim Gordon, bajista de Sonic Youth— para que abandone su reclusión y calla ante las petición insistente de un promotor para hacer una gira europea de tres meses; en esa misma conversación, el interlocutor telefónico hace mención a una clínica; doble referencia a Nirvana: las largas y agotadoras giras del grupo y los problemas de Cobain con las drogas.

Ni la música calma su desesperación, más bien lo contrario, como cuando lo vemos tocar, a solas y cada vez más furioso, *Death to Birth (De la muerte al nacimiento)*, —compuesta por el actor que lo encarna, Michael Pitt—, en la que se expone su angustia y avanza el final fatal. *Last Days* refuerza, a través de su trasunto Blake, la idea de Cobain como un inadaptado a una industria exigente que no daba respuestas a sus inquietudes.

THE RUNAWAYS
(*The Runaways*)

2010. Estados Unidos. **Prod.:** River Road Entertainment y Linson Entertainment. John Linson, Art Linson y Bill Pohland. **Dir.:** Floria Sigismondi. **Guion:** Floria Sigismondi, basado en el libro *Neon Angel*, de Cherrie Currie. **Fot.:** Benoît Debie, en color. **Mús.:** Lillian Berlin. **Canciones e intérpretes:** *I Wanna Be Where the Boys Are, Cherry Bomb, Hollywood, You Drive Me Wild, I Love Playin' With Fire, School Days, Secrets y C'Mon,* The Runaways; *I Want You, Love is Pain, I Love Rock n'Roll, Crimson and Clover y Bad Reputation,* Joan Jett and the Blackhearts; *Roxy Roller,* Nick Gilder; *Fujiyama Mama,* Wanda Jackson; *The Wild One,* Suzi Quatro; *Lady Grinning Soul y Rebel Rebel,* David Bowie; *It's a Man's Man's Man's World,* Mc5; *Do you Wanna Touch Me,* Gary Glitter; *Say It Like You Mean It,* The Yo and Flo Orchestra; *Gimme Danger y I Wanna Be Your Dog,* The Stooges; *Fever,* Peggy Lee; *Vincent (Starry, Starry Night),* Don McLean; y *Pretty Vacant,* Sex Pistols. **Mont.:** Richard Chew. **R.:** Kristen Stewart (Joan Jett), Dakota Fanning (Cherrie Currie), Michael Shannon (Kim Fowley), Stella Maeve (Sandy West), Alia Shawkat (Robin), Scout Taylor-Compton).

Kristen Stewart encarna a Joan Jett. Fue su primer biopic. Luego interpretaría a Jean Seberg (Seberg, 2019) y Lady Di (Spencer, 2021).

ARGUMENTO: Los Angeles, 1975. Joan, joven guitarrista quiere formar un grupo de rock de mujeres. Conoce al productor Kim Fowley, que le pone en contacto con otras jóvenes, y ambos buscan una vocalista, la adolescente Cherie. El grupo pronto tiene éxito, pero surgen tensiones por la dirección autoritaria de Kim y la gran atención mediática que recibe Cherrie.

Kristen Stewart (Joan Jett), Dakota Fanning (Cherrie Currie) y la bajista Robin (Alia Shawkat).

Dakota Fanning interpreta a Cherrie Currie, sobre la que, como vocalista, recae la mayor sexualización del grupo.

BIOGRAFÍA AUTORIZADA

Basado en el libro autobiográfico *Neon Angel* (1989), de la vocalista del grupo, Cherrie Currie, *The Runaways* es el debut en la dirección de largometrajes de Floria Sigismondi, fotógrafa italiana y realizadora de videoclips (David Bowie, Marilyn Manson, Björk, Sheryl Crow,...). Se centra en la breve carrera de uno de los primeros grupos femeninos de rock. Creado en 1976 en torno al excéntrico productor Kim Fowley, que buscaba la contrapartida femenina al grupo punk Ramones, estaba formado por adolescentes de 16 años. La película se fija, sobre todo, en dos de las componentes, Currie y la guitarrista Joan Jett. El perfil biográfico de las dos representa la cara y la cruz de la industria musical. Mientras Jett se ha convertido en un mito del rock y tras la breve —apenas cuatro años— y formativa experiencia de The Runaways creó su propia banda, Joan Jett and the Blackhearts, Cherrie Currie ha tenido una trayectoria errática y marcada por el consumo de drogas. Esta comprende una in-

Michael Shannon
interpreta al polémico y
excéntrico manager Kim
Fowley.

El film se centra en la breve carrera de uno de los primeros grupos femeninos de rock, The Runaways, que buscaba la contrapartida femenina a Ramones.

termitente y corta carrera como actriz y la formación de un grupo a principio de los ochenta junto a su hermana gemela Marie, interpretada en el film por Riley Keough, nieta de Elvis Presley. El contraste de las dos trayectorias se ilustra en la película en la escena final cuando Cherrie, trabajando de dependienta, escucha en un programa radiofónico el éxito de Joan Jett & The Blackbirds, *I love Rock'n'roll*, versión de la canción de The Arrows. La película, por otra parte, da a entender que el grupo se desintegró cuando Currie lo abandonó; en realidad las Runaways continuaron dos años más, en los que Jett se ocupó también de la parte vocal hasta 1979.

LA CRUDA REALIDAD

Las demás integrantes de la formación tienen una presencia más bien testimonial. Mientras la baterista Sandy West y la guitarrista Lita Ford aparecen representadas con su nombre, a la bajista Jackie Fox se le cambió el suyo por Robin Robbins, porque Fox, en la actualidad representante de profesionales del cine y la televisión, no dio su permiso. Fox dejó pronto el grupo, en 1977, y fue sustituida por Vicki Blue, quien en 2004 dirigiría, como Victory Tischler-Blue, el polémico documental *Edgeplay. A Film About the Runaways*, en el que Jett rechazó participar. Privó, así, a su excompañera de poder utilizar la mayoría de canciones de The Runaways, compuestas por Jett, que sí permitió su uso en el film de Sigismondi.

Joan Jett y Cherrie Currie mantienen una relación sentimental.

Edgeplay es una obra áspera y sensacionalista, que saca a la luz interioridades incómodas del grupo y va más allá de donde se atreve a llegar la cinta de ficción. Mediante testimonios de las demás integrantes (y de Kim Fowley), ahonda en las diferencias entre las componentes de la banda –especialmente entre Lita Ford y Jackie Fox–, confirma la relación lésbica entre

Cherrie y Jett, descubre el intento de suicidio de Fox antes de dejar el grupo y menudea en el comportamiento autoritario, controlador y ofensivo de Kim Fowley, de quien se dejan entrever actitudes sexuales inadecuadas. Meses después de la muerte del productor en 2015, Fox reveló haber sido violada por Fowley. Por contra, *The Runaways*, de la que Jett era productora ejecutiva, reduce la carga conflictiva a dos situaciones esenciales: el consumo de drogas de Currie y su decadencia y las tensiones en el grupo tras una sesión fotográfica subida de tono de Cherry en solitario acordada por Fowley, aspectos también presentes en el documental de Tischler-Blue.

LA MIRADA FEMENINA

La película prefiere centrarse en la mirada femenina, en lo que supuso para ese grupo de adolescentes aquella experiencia grupal de crecimiento personal y emancipación, también sexual, en un mundo masculino. Se inicia con una mancha de sangre de la menstruación de Currie, que marca el inicio de una etapa de transformación. Más adelante Jett indicará a West cómo masturbarse y Jett y Currie acabarán teniendo una relación sentimental. El Fowley de la cinta, rudo, ofensivo y manipulador, pero también excéntrico, carismático y cumplidor, les enseña a actuar de una forma altamente sexualizada ante un público, eminentemente masculino, y cómo enfrentarse a la respuesta agresiva de este. También sufrirán hostilidades fuera de los escenarios, pero dentro del mundo del espectáculo: darán la cara frente una banda masculina que les sabotea un ensayo y Jett se vengará miccionando sobre los instrumentos de dicho grupo. En la exitosa gira en Japón, con Currie dando muestras de ya altanería y deterioro, la vocalista elegirá un corsé como provocativo atuendo en sus actuaciones ante un público femenino entregado. Así, en la película *The Runaways* hacen suyos los códigos de una industria masculinizada, pero eso no es suficiente para salir ilesas de ella, a causa de la candidez y falta de experiencia de las integrantes. El precio a pagar por ser pioneras.

BOHEMIAN RHAPSODY
(*Bohemian Rhapsody*)

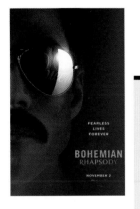

2018. Estados Unidos. **Prod.:** GK Films. Graham King. **Dir.:** Bryan Singer (y, sin acreditar, Dexter Fletcher). **Guion:** Anthony McCarten, sobre una historia de McCarten y Peter Morgan. **Fot.:** Newton Thomas Sigel, en color. **Mont.:** John Ottman. **Canciones e intérpretes:** *Somebody to Love, Keep Yourself Alive, Seven Seas of Rhye, Bohemian Rhapsody, Killer Queen, Fat Bottomed Girls, Love of My Life, Now I'm Here, Crazy Little Thing Called Love, We Will Rock You, Another One Bites the Dust, Under Pressure* (con David Bowie)*, Who Wants to Live Forever, Hammer To Fall, Radio Ga Ga, We Are The Champions, Don't Stop Me Now* y *The Show Must Go On*, Queen; *Mr. Bad Guy*, Freddie Mercury; *Doing All Right*, Smile; *Sunshine of Your Love*, Cream; *Love Is All Around*, The Troggs; *Super Freak*, Rick James; y *Sultans of Swing*, Dire Straits. **R.:** Rami Malek (Freddie Mercury), Lucy Boynton (Mary Austin), Gwilym Lee (Brian May), Ben Hardy (Roger Taylor), Joseph Mazzello (John Deacon), Tom Hollander (Jim Beach). Dur.: 129 minutos.

La caracterización de Rami Malek como Freddie Mercury es impecable.

ARGUMENTO: El joven Farrokh Bulsara, nacido en Tanzania pero crecido en el Reino Unido, se ofrece como cantante al grupo Smile después de que el líder de la formación les abandone. Smile se convertirá en Queen y Farrokh Bulsara en Freddie Mercury, uno de los iconos del rock hasta (y después de) su muerte en 1991 a los 45 años.

UN PROBLEMA DE ENFOQUE

Desde que apareciera en 2010 la noticia sobre la realización de un biopic de Freddie Mercury, el proyecto sufrió cambios de director, guionista y protagonista hasta su estreno en noviembre de 2018. El anuncio afirmaba que la productora contaba con los derechos de las canciones del grupo, lo que indirectamente conllevaba la aceptación del film por parte de Queen y, por lo tanto, la asunción de cierto control de la formación sobre la película. De hecho, ese parece haber sido el motivo del retraso de una cinta cuya previsión de estreno era 2012. Sin embargo, poco después, el primer actor designado para encarnar a Mercury, el cómico británico Sacha Baron Cohen, que quería hacer un retrato completo del personaje, con sus luces y sus sombras, se apeaba del film y daba como motivo el tratamiento sesgado que quería imprimir la banda. Similares motivos esgrimió el director Dexter Fletcher en 2013 para abandonar el proyecto.

Según Cohen, la banda quería que la muerte de Mercury sucediera a mitad de la película y el resto del film abordara cómo Queen se sobrepuso al deceso del vocalista. «Entiendo por qué Queen quería hacerlo así. Si tú tienes el control de los derechos sobre la historia de tu vida, ¿por qué no te vas a representar de la forma más grande posible?», contaba en el programa radiofónico The Howard Stern Show en 2016.

En 2015 el guionista de *La teoría del Todo*, biopic de Stephen Hawking, Anthony Mc-Carten fue contratado para reescribir el libreto original de Peter Morgan –guionista de los retratos políticos *The Queen* y *Frost/Nixon*– y al año siguiente se anunció que el protagonista sería Rami Malek y el director, Bryan Singer. Este fue despedido a dos semanas de acabar el rodaje en diciembre de 2017 por un comportamiento errático que le había llevado a faltar al trabajo –además, Singer se encontraba en medio de acusaciones por abuso sexual a menores– y, paradójicamente, fue reemplazado por Fletcher, quien acabaría siendo designado para dirigir *Rocketman* (2019), el biopic musical de Elton John. Una vez estrenada, la cinta recibiría las consabidas críticas por las licencias tomadas en relación con los hechos relatados.

LICENCIAS DRAMÁTICAS

Sin embargo, desde sus primeras imágenes –la figura de Mercury llegando al escenario, vista desde atrás, de manera fragmentada por el montaje–, *Bohemian Rhapsody* perpetua el mito del líder de Queen (así como de la banda), aunque el relato no se ajuste exactamente a la realidad.

El guitarrista Brian May (Gwilym Lee) y Freddie Mercury (Rami Malek).

Rami Malek se coronó como actor gracias a Bohemian Rhapsody, *con la que obtuvo, entre otros premios, el Oscar.*

El filtro de la narración hollywoodiense hace, por ejemplo, que su llegada al mundo de la música se represente como fruto del azar: en el film, el protagonista va a un concierto del grupo Smile, al que pertenecen Brian May y Roger Taylor, se presenta ante ellos tras la actuación y al saber que el vocalista, Tim Staffell, acaba de abandonarles, se les ofrece como cantante. En realidad, este instante tan casual como milagroso, este llegar y besar el santo propio de los elegidos, no sucedió. De hecho, Mercury era compañero de estudios de diseño de Staffell, ya conocía a May, llevaba una tienda de un mercadillo junto a Roger Taylor y era seguidor de Smile, a cuyos ensayos había ido alguna vez con Staffell. Además, Mercury había cantado en varias formaciones, tales como Wreckage, Ibex o Sour Milk Sea. En 1970 Staffell deja Smile para unirse a la banda Humpy Bong de Colin Petersen (exbaterista de los Bee Gees) y lo sustituyó Mercury. Hay fuentes que aseguran que se propuso él; otras, incluso, afiman que le persuadió Staffell.

La cinta elige la síntesis propia de las adaptaciones cinematográficas, aunque ello suponga desviarse de la concreción. Esto último sucede con el personaje encarnado por Mike Myers, cómico, por cierto, que en *Wayne's World: ¡Qué desparrame!* (1992), de Penelope Spherris, insistió hasta la saciedad en que sonara *Bohemian Rhapsody* y no una canción de Guns N'Roses, como querían los productores. Ganó Myers, del que se dice que amenazó con abandonar la película si no se cumplía su exigencia. Se puede entender como un guiño a esa anécdota que Myers interprete en *Bohemian Rhapsody* a Ray Foster, supuesto directivo de la EMI que se negó a que dicha canción fuera elegida como *single* radiofónico por ser demasiado larga. En realidad es un personaje inventado y se estima que sea o bien una alusión a Roy Featherstone, directivo de la EMI al que le gustaba Queen, o un compendio de varios directivos de la discográfica,

Freddie Mercury y su esposa Mary Austin (Lucy Boynton), antes de que el cantante explore su homosexualidad.

El verdadero Freddie Mercury actuando en un concierto.

ya que sí hubo esas reticencias a que la canción se publicara como *single*. Finalmente, algunos locutores la emitieron por su cuenta y riesgo –como el que aparece en el film, Kenny Everett, de la emisora londinense Capital Radio–. La canción se acabó editando de los siete minutos a los seis y alcanzó el número 1 en Reino Unido durante nueve semanas. Menos comentado fue, por ejemplo, que el film omite que la primera gira estadounidense de Queen fue como teloneros de la banda británica Mott the Hopple y no en solitario como se sugiere en pantalla.

Mayor discusión provocó que en la película se entendiera el año sabático que se tomó el grupo en 1983 como una separación causada por la intención repentina de Mercury de hacer carrera en solitario con un contrato de la CBS. De hecho, antes de que él editase su *Mr. Bad Guy* (1985), Roger Taylor ya había publicado dos álbumes, *Fun in Space* (1981) y *Strange Frontier* (1984), aunque los dos en EMI. Esta licencia fue interpretada por los fans de Mercury como un ataque del grupo al cantante fa-

La voz de Mercury en las canciones del film es una mezcla de grabaciones originales y las voces de Malek y, sobre todo, del cantante canadiense Marc Martel.

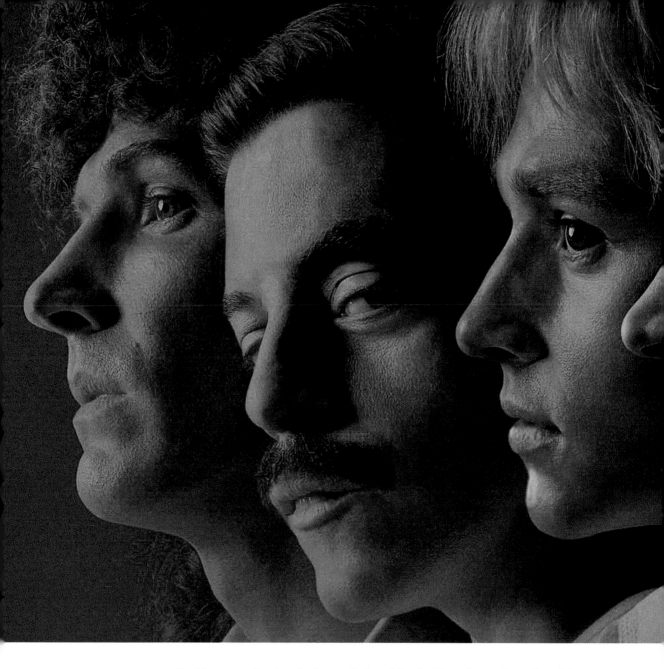

llecido, con quien la relación no había sido plácida, sobre todo en los últimos años.

De hecho, la banda insistió en que la película también diera importancia a los otros miembros de la formación. Así, igual que se evidencia el liderazgo y el genio creativo de Mercury, vemos cómo se especifica la paternidad del bajista John Deacon en el riff de *Another One Bites the Dust*, la del guitarrista Brian May en la introducción rítmica de *We Will Rock You* o la aportación vocal del baterista Roger Taylor en *Bohemian Rhapsody*, así como su autoría de *I'm in Love with My Car*.

Sea como fuere, la alteración relativa a la supuesta separación del grupo también es entendible como recurso dramático del guion por el cual el protagonista se separa de su entorno, baja a los infiernos y recupera el equilibrio en su regreso a él. El grupo (y la familia) como garante de estabilidad. Una tesis conservadora que se antoja poco rockera, pero que no ha de

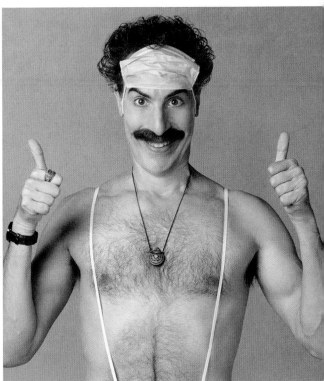

extrañar en una formación que ya es una marca y que sigue rentabilizando su recuerdo (como la propia película ejemplifica).

La licencia más polémica tuvo que ver con una alteración del orden cronológico: la revelación a la banda de que Mercury tenía SIDA. En el film lo revela antes del Live Aid, macroconcierto organizado por Bob Geldof en 1985 en ayuda contra el hambre en África en el que participó Queen y con el que acaba la cinta, pero, en realidad, no lo contó a sus compañeros hasta más adelante. Este cambio se entendió como una utilización impropia de la enfermedad de Mercury. Y no hay duda de que la carga emocional de la última parte del film se beneficia de esa revelación trágica. Por otra parte, también se idealizaba la última relación sentimental de Mercury con el camarero Jim Hutton, –en realidad, peluquero– que se trataba de manera meliflua.

Sacha Baron Cohen, cómico británico, popular por su humor irreverente y sus incómodos personajes como Borat, fue el primer actor asociado al proyecto.

CONSAGRACIÓN DE MALEK

Poco más de un mes después de ganar un Emmy por su papel protagonista en la serie *Mr. Robot*, en la que encarnaba a un *hacker* con problemas psicológicos, en noviembre de 2016 el californiano Rami Malek, de padres egipcios, fue oficialmente designado para encarnar a Mercury. Su ascendencia africana le acercaba a los orígenes zanzibaris de Mercury. Más allá de su popularidad televisiva, sus créditos cinematográficos más relevantes hasta el momento habían sido el faraón de la trilogía cómica *Noche en el museo* (2006, 2009 y 2014), de Shawn Levy, papeles secundarios en *The Master* (2012) de Paul Thomas Anderson y *Oldboy* (2013) de Spike Lee y el coprotagonista de *Papillon* (2017) de Michael Noer, *remake* de la película homónima de 1973 en el que encarnaba el personaje interpretado en aquella por Dustin Hoffman. *Bohemian Rhapsody* fue su consagración como actor; por ella obtuvo el Oscar, el BAFTA y el Globo de Oro. Después, sería elegido para encarnar al villano de Bond en *Sin tiempo para morir* (2021).

La película reproduce parte de la actuación de Queen en el concierto del Live Aid.

Para las canciones del film se mezclaron las grabaciones originales de Queen con la voz de Malek y, especialmente, la del cantante canadiense Marc Martel, cuya capacidad para imitar a Mercury le llevó en 2011 a ser elegido, a través de un concurso *online*, para *The Queen Extravaganza*, la banda oficial de homenaje a Queen, ideada por Roger Taylor y Brian May, que da conciertos desde entonces. El disco que se editó con la banda sonora de la película solo llevaba grabaciones originales de la banda. En cuanto al concierto del Live Aid en el estadio de Wembley, la película recrea 11 minutos con las canciones *Bohemian Rhapsody*, *Radio Ga Ga*, *Hammer To Fall* y *We Are the Champions*, pero, tal como se ve en los extras del DVD, filmaron los veinte que duró la actuación original. A las canciones incluidas en el film, se añaden *Crazy Little Thing Called Love* y *We will Rock You*.

LOS ROCKEROS VAN AL CINE

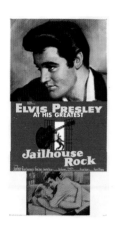

EL ROCK DE LA CÁRCEL
(*Jailhouse Rock*)

1957. Estados Unidos. **Prod.:** Metro-Goldwyn-Mayer. Pandro S. Berman. **Dir:** Richard Thorpe. **Guion:** Guy Tros-per, basado en un argumento de Ned Young. **Fot.:** Robert Bronner, en B/N. **Mús.:** Jeff Alexander (Supervisor). **Canciones e intérpretes:** *Young and Beautiful, I Want To Be Free, Don't Leave Me Now, Treat Me Nice, Jailhouse Rock* y *You're So Square (Baby, I Don't Care)*, Elvis Presley; *One More Day*, Mickey Shaughnessy. **Mont.:** Ralph E. Winters. **Asesor técnico:** Coronel Tom Parker. **Dur.:** 92 minutos. **R:** Elvis Presley (Vince Everett), Judy Tyler (Peggy Van Alden), Mickey Shaughnessy (Hunk Houghton), Dean Jones (Teddy Talbot), Vaughn Taylor (Mr. Shores), Jennifer Holden (Sherry Wilson).

ARGUMENTO: El joven obrero Vince Everett es condenado a pena de cárcel por haber matado a un hombre en una pelea de bar. En prisión, su compañero de celda, el cantante de country Hunk Houghton, despierta su interés por la música. Cuando acaba su condena conoce a la representante de discos Peggy Van Alden, que ve en él potencial para iniciar una carrera en la industria de la música. Para ello Vince, indómito y ambicioso, tendrá que encontrar su propio estilo y sobrevivir en un mundo hostil.

¿QUIÉN?

Elvis Presley ha sido la personalidad del rock que, de una manera regular y exitosa, más ha transitado el mundo del cine, calidad de los films aparte. El rey del rock intervino en 31 películas de ficción en 14 años, mayoritariamente como protagonista, exceptuando algun título inical. Debutó como actor en 1956, después de haberlo hecho en la música en 1954. Tras aparecer a principios de aquel año en el programa televisivo *Stage Show*, de Tommy y Jimmy Dorsey, el productor Hal B. Wallis, de la Paramount, le convocó para una prueba en la que el cantante ensayó una escena de *El farsante* (1956), de Joseph Anthony, producción de la compañía. El resultado fue satisfactorio y Wallis contrató a Presley por tres películas en siete años. Al no tener en marcha un film en el que se pudiera colocar al nuevo fichaje, el pro-ductor lo prestó −una práctica habitual entre estudios− a la 20th Century Fox, que preparaba el western *The Reno Brothers*, melodrama sobre dos hermanos tras la Guerra de Secesión. Presley interpretaba al menor, enfrentado al mayor, el protagonista (Richard Egan). Sin em-bargo, la llegada de Presley al proyecto provocó la inclusión de cuatro canciones, entre ellas la balada *Love Me Tender (Ámame tiernamente)*, que se convirtió en el nuevo título del film, elección curiosa para una cinta del oeste. El film fue un éxito de taquilla.

Para debutar oficialmente en Paramount se le confeccionó un traje a la medida, casi au-tobiográfico: *Loving You* (1957) de Hal Kanter, la historia de un camionero dotado para la canción que es descubierto por una agente de prensa (Lizabeth Scott) y se convierte en estrella del rock. Presley, excamionero como el protagonista, había sido recomendado a Sam Phillips, de Sun Records, discográfica imprescindible en los inicios del rock −llegó a tener a

Una imagen insólita del Presley cinematográfico, sucio y con el pecho manchado en El rock de la cárcel.

El número Jailhouse Rock, *puro Elvis: sale de una celda de un segundo piso, se escurre por una barra vertical hacia el primero, y despliega sus provocativos contoneos de cadera, sus innovadores juegos de piernas y su desafiante chasqueo de dedos.*

Cartel original de El barrio contra mí, *otro de los mejores films de la carrera de Presley. Dirigido por Michael Curtiz y ambientado en Nueva Orleans, es un drama sobre las dificultades que encuentra un joven en su entorno para alejarse de la delincuencia.*

Presley, Jerry Lee Lewis, Carl Perkins y al cantante de country Johnny Cash a mediados de los cincuenta–, por la propietaria del Memphis Recording Service al que el joven Presley se había dirigido para grabar *My Happiness*, de Ella Fitzgerald, y *When Your Heartaches Begin*, como regalo para su madre.

¿CÓMO?

El rock de la cárcel fue su tercera película y la primera que hizo para la Metro Goldwyn Mayer, la compañía, junto a la Paramount, para la que más películas realizaría, especialmente a partir de 1963, cuando firmó un contrato de diez años. Sin embargo, esta fue una primera colaboración aislada.

Dice el biógrafo Albert Goldman que realizar un film alrededor de Presley fue idea de Katherine Hereford, tras haber visto *Love Me Tender*. Hereford era la esposa de Pandro S. Berman, histórico productor de la RKO, encargado allí de los musicales de Fred Astaire y Ginger Rogers, y que en su etapa posterior en la MGM produciría *Semilla de maldad* (1955), el primer film en el que se oyó rock. *El rock de la cárcel* fue concebida como producción barata y rápida: «En vez de contratar a alguien como Irving Berlin o Jerome Kern y pagarles una fortuna por la música, esos miserables rústicos de Tennesse la compusieron y les pagamos calderilla», confesaba Berman a Goldman. Aquellos «miserables» –curiosamente Berman utiliza, en el original, el término punk– eran Jerry Leiber y Mike Stoller, autores de quienes Presley ya había cantado en 1956 *Hound Dog* para disgusto de ellos, que consideraban ruidosa la versión de Elvis. Sin embargo, su colaboración a raíz de este film les hizo cambiar de opinión y serían colaboradores habituales suyos (como en su siguiente film, *El barrio contra mí*, 1958, de Michael Curtiz). Previo al estreno, el *single* de *Jailhouse Rock* que, como *Treat Me Nice* o *(You're So Square)*, era una composición de Leiber-Stoller, vendió dos millones de copias.

Considerada como una de las mejores películas de Presley –junto a *El barrio contra mí* o el western *Estrella de fuego* (1960), de Don Siegel, previsto para su admirado Marlon Brando–, *El rock de la cárcel*, dirigida por el fiable artesano Richard Thorpe y guionizada por Guy Trosper, autor dc la también carcelaria *El hombre de Alcatraz* (1962), de John Frankenheimer, profundiza en los temas apuntados en *Loving You* y se asoma al lado oscuro de la industria discográfica: la dificultad de triunfar, la apropiación de temas ajenos por parte de las compañías, los celos de las estrellas del pasado e, incluso, la ambición desmedida de las estrellas del presente, como el protagonista, cegado por el dinero.

Perteneciente a una familia religiosa, Presley no quería interpretar personajes negativos. Pese a ello y a que el Vince Everett del film esconde bondad, el protagonista de *El rock de la cárcel* también se muestra agresivo, arrogante y chulesco con las mujeres, dualidad que da profundidad a un Presley que alguna vez había dicho que lo que hacía que Marlon Brando fuera bueno era que nunca sonreía. El protagonista de *Amor a quemarropa*, guionizada por Quentin Tarantino, afirmaba que Presley en *El rock de la cárcel*, era «todo aquello en lo que consiste el rockabilly. Él es el rockabilly. Malo, mezquino, obsceno, grosero. En esa película nada de lo que ocurría podía importarle salvo el rock'n'roll, vivir deprisa, morir joven y dejar un hermoso cadáver».

Elvis Presley con la malograda Judy Tyler, que murió con 24 años y solo dos películas. Sentado, Peter Adams como un ladino directivo que se apropia de la canción del protagonista.

En el aspecto musical, la película incluye el momento más icónico de la filmografía de Presley: el número de *Jailhouse Rock* en un plató televisivo. Sale de una celda de un segundo piso, se escurre por una barra vertical hacia el primero, y despliega sus provocativos contoneos de cadera, sus innovadores juegos de piernas y su desafiante chasqueo de dedos. La cámara lo capta en plano entero para deleite de sus fans. Al final, él y sus supuestos compañeros de prisión, vuelven, obedientes, tras las rejas.

Así, el film muestra la singularidad del protagonista —en ese sentido un remedo del propio Elvis— en la definición de su propio estilo al distanciarse de los parámetros musicales que le había enseñado su compañero de celda Hank Houghton, un cantante de country que, una vez fuera de la cárcel, acabará desplazado y reducido a lacayo de Everett. Una forma de representar la implacable evolución de los gustos musicales de la sociedad americana. Como apunte cinéfilo, cabe señalar que Houghton está encarnado por Mickey Shaughnessy, actor secundario cómico (*Mi desconfiada esposa, Furia en el valle, Un gángster para el milagro*) que sorprende con su faceta musical, inédita en pantalla, pero reminiscente de sus tiempos como cantante en nightclubs tras participar en la II Guerra Mundial. Por otra parte, se dice que a Elvis no le gustaba la película; otras fuentes aseguran que no quería volver a verla porque su compañera de reparto, Judy Davis, que provenía del teatro y que interpreta a la representante de la que se enamora, murió en un accidente de coche poco después de acabar el rodaje.

La violencia forma parte de las primeras películas de Presley, cuyos personajes se enfrentaban a entornos hostiles, a diferencia de las comedias románticas que acabaron siendo la marca cinematográfica del cantante en la década de los sesenta.

ELVIS Y EL CINE

No parece que Elvis estuviera excesivamente comprometido con la profesión de cantante; al fin y al cabo había llegado por casualidad. «Los cantantes vienen y se van, pero si tú eres buen actor, puedes durar mucho tiempo», decía en declaraciones incluidas en la polémica biografía de Goldman. Así, su incursión en Hollywood no fue un accidente ni una aventura ocasional como sucede con otras estrellas de la música. Era una meta deseada. El problema fue que los proyectos que le escogía su representante, el temible coronel Tom Parker, que antes lo había sido de artistas menores (Eddy Arnold, Gene Austin) y que, en la mayoría de las cintas de Presley, aparece acreditado como «asesor técnico», tenían la única motivación del dinero. Exceptuando su primera etapa hasta 1958, previa al servicio militar, en la que se encuentran dos de sus mejores títulos, su carrera discurrió mayoritariamente entre comedias exitosas, pero mediocres, y en las que Elvis... sonreía demasiado. No había rastro en ellas de rebeldía, ni de un entorno adulto hostil como sucedía en *El barrio frente a mí*, en la que su personaje, víctima de la incomprensión, se veía abocado a incursionar en los bajos fondos de Nueva Orleans. En cambio, ahora brillaban por su ausencia los aspectos polémicos, se suavizaba el estilo original del cantante —sus movimientos pélvicos—, y abundaban las carreras de coches (*Mi regalo de cumpleaños, Cita en Las Vegas*), los paisajes exóticos (*Paraíso Hawaiano, El ídolo de Acapulco, Amor en Hawai*) y los líos románticos (*¡Chicas, chicas, chicas!, Puños y lágrimas*).

EL MITO Y EL CINE

La relación de Elvis con el cine va más allá de sus películas. Como mito del rock, Presley ha sido objeto de biopics y documentales, e incluso la suya ha funcionado como figura referencial. Así, en 2022 está previsto el estreno de un biopic dirigido por el australiano Baz Luhrmann. En él, Tom Hanks encarna al desaprensivo Coronel Tom Parker, mientras que a Presley le da vida el semidesconocido, Austin Butler, visto en *Érase una vez... en Hollywood* en el papel del discípulo de Manson que asalta la casa de los protagonistas. Antes, y poco después de la muerte de Presley, Kurt Russell que, como actor infantil, había aparecido junto a Elvis en *Puños y lágrimas* (1963) de Norman Taurog, lo interpretó en el telefilm *Elvis* (1979), de John Carpenter. Por otra parte, el episodio real, pero poco documentado, del encuentro con Nixon en 1970 generó el telefilm *Elvis Meets Nixon* (1997) de Allan Arkush, director de *Rock'n' roll High School*, con Rick Peters y Bob Gunton, y *Elvis & Nixon* (2016) de Liza Johnson, con Michael Shannon y Kevin Spacey.

En el terreno documental, Dennis Sanders captó en *Elvis: así como es* (1970) los conciertos (y sus ensayos) que hizo en verano de 1970 en el Hotel International de las Vegas. En él además, se plasma su carácter cercano y el efecto en sus fans. En una tercer tipo de films, la figura de Elvis aparece como parte funcional o simbólica de la trama. Así, en *Los reyes del crimen* (2001) de Demian Lichtenstein los protagonistas, entre ellos —otra vez— Kurt Russell y Kevin Costner, se disfrazan de Elvis para atracar en Las Vegas y en la ya mencionada *Amor a Quemarropa* (1993) de Tony Scott, Val Kilmer encarna brevemente a Elvis como asesor imaginado del protagonista (Christian Slater), quien declara que Elvis es el único hombre con el que se acostaría. Diálogo explícito de Quentin Tarantino, quien en sus pinitos como actor había interpretado a un imitador del rey del rock en un episodio de *Las chicas de oro*.

En Los reyes del crimen *un grupo de atracadores se visten de Elvis para dar un golpe en Las Vegas: David Arquette, Kurt Russell, Kevin Costner, Christian Slater y Bokeem Woodbine.*

105

THE BEATLES

OSCAR

¡QUÉ NOCHE
LA DE AQUEL DÍA!

UNA PELÍCULA DE RICHARD LESTER

¡QUÉ NOCHE LA DE AQUEL DÍA!
(*A Hard Days' Night*)

1964. Reino Unido. **Prod.:** United Artists. Walter Shenson. **Dir:** Richard Lester. **Guion:** Alun Owen. **Fot.:** Gylbert Taylor, en B/N. **Mont.:** John Jympson. **Canciones, interpretadas por The Beatles:** *A Hard Days' Night, I Should Have Known Better, I Wanna Be Your Man, Don't Bother Me, All My Loving, If I Fell, Can't Buy Me Love, And I Love Her, I'm Happy Just to Dance with You, Tell Me Why, She Loves You*. **Dur.:** 87 minutos. **R:** John Lennon, Paul Mc-Cartney, George Harrison y Ringo Starr (Beatles), Wilfred Brambell (abuelo de Paul), Norman Rossington (Norm), John Junkin (Shake), Victor Spinetti (Realizador TV).

ARGUMENTO: The Beatles han de grabar unas actuaciones para un programa de televisión. En su visita a la ciudad, a los cuatro miembros del grupo (John, Paul, George y Ringo) les acompaña el travieso abuelo de Paul, que les pondrá en más de un aprieto.

¿QUIÉN?

Previendo el *boom* de los Beatles en Estados Unidos en 1964, la United Artists, a través del productor Walter Shenson, puso en marcha en octubre de 1963 el proyecto de una película con el grupo británico. Según contó a Sotinel el director Richard Lester, anunciado como responsable de la cinta en diciembre, «el estudio exigió que el rodaje comenzase en marzo de 1964 y se estrenase en julio de ese año, porque estaban convencidos de que la popularidad de los Beatles no superaría el verano». Con un presupuesto de medio millón de dólares, la cinta se rodó en marzo y abril y se estrenó en Londres el 6 de julio y en Nueva York el 13 de agosto. Acabó recaudando 11 millones de dólares.

El film evidencia la personalidad excéntrica de John Lennon.

La poca pericia de Brian Epstein, el mánager de los Beatles, provocó que el grupo no consiguiera el mejor contrato posible con la productora. Las exigencias de Epstein (7'5 % de los beneficios) estaban por debajo de la cantidad máxima a la que el estudio estaba dispuesto a llegar (20 %). Tanto el director como el guionista asignados eran del agrado de los cuatro de Liverpool. Lester, norteamericano de nacimiento, pero establecido en Reino Unido a finales de los cincuenta, acababa de dirigir *Un ratón en la Luna*, para Shenson, y era admirado por los Beatles por el programa televisivo *The Idiot Weekly Price 2d*, el corto *The Running Jumping & Standing Still Film* (1959), ambos con Peter Sellers, y el film *It's Trad, Dad!* (1962), comedia de actuaciones musicales; las tres obras estaban dotadas de un humor surrealista deudor del programa radiofónico *The Goon Show* (con Sellers), del que los Beatles eran

seguidores, sobre todo, John Lennon. Por su parte, el dramaturgo y guionista Alun Owen, galés de nacimiento, pero crecido en Liverpool, había escrito el guion televisivo *No Trams To Lime Street*, ambientado en esa ciudad y que había impactado al grupo.

Divertida imagen durante el rodaje de la película.

*El film da una imagen
despreocupada y jovial
del grupo.*

¿CÓMO?

¡Qué noche la de aquel día! significó un nuevo modelo a la hora de abordar la presencia de músicos rock en pantalla. Hasta entonces, los primeros años del rock, las dos grandes tendencias se basaban en la inserción de números musicales, ya fueran como actuaciones en bloque de varios artistas que paralizaban la mínima trama, caso de films independientes tipo *Don't Knock the Rock*, con el DJ Alan Freed, o en medio de historias al servicio de una estrella, caso paradigmático de los films de Elvis Presley. Del primer modelo Lester había hecho su propia parodia en *It's Trad Dad!*, en la que los protagonistas –entre ellos, la cantante Helen Shapiro– se paseaban por estudios y locales en busca de un presentador para un festival de jazz que iban a celebrar en su localidad, pese a la objeción de las autoridades, excusa para ver actuaciones de más de una decena de artistas como Chubby Checker –el rey del twist–, Gene Vincent o Del Shannon. Entre una y otra, divertidos gags de carácter surrealista ensamblaban la acción. También el cine británico había introducido humor en el segundo modelo, por ejemplo, en *Expresso Bongo* (1959) de Val Guest, visión cínica de la industria musical a través de los primeros pasos de una joven estrella, en esta ocasión, Cliff Richard.

Los Beatles ya habían sido objeto del documental para televisión *What's Happening! The Beatles in the U.S.A*, a cargo de los hermanos Maysles a raíz de la llegada de los Fab Four a los Estados Unidos para realizar tres actuaciones en el programa de Ed Sullivan en febrero de 1964. Ahora, Lester y Owen tomaron el camino del medio entre el documental y la ficción y tiñeron de humor, el retrato de las cuatro estrellas de Liverpool que se interpretaban a sí mismas –a diferencia de Presley o Richard. Con la excusa de una grabación televisiva, la cámara de Lester captaba dos días de la vida frenética del grupo, rodeado y perseguido constantemente en plena beatlemanía por decenas de jovencitas. Aunque la intención de la película era marcar el carácter distintivo de cada uno de los cuatro (la frialdad de Harrison, la amabilidad de McCartney), destacaban especialmente la excentricidad de Lennon, que daba pie a la inclusión de elementos mágicos como su improbable desaparición de una bañera, y la torpeza de Starr, quien en los créditos iniciales se tropieza escapando de una muchedumbre femenina. El halo de despreocupación que desprende el grupo –las divertidas estrategias

*Imagen publicitaria
española de* ¡Qué noche
la de aquel día!

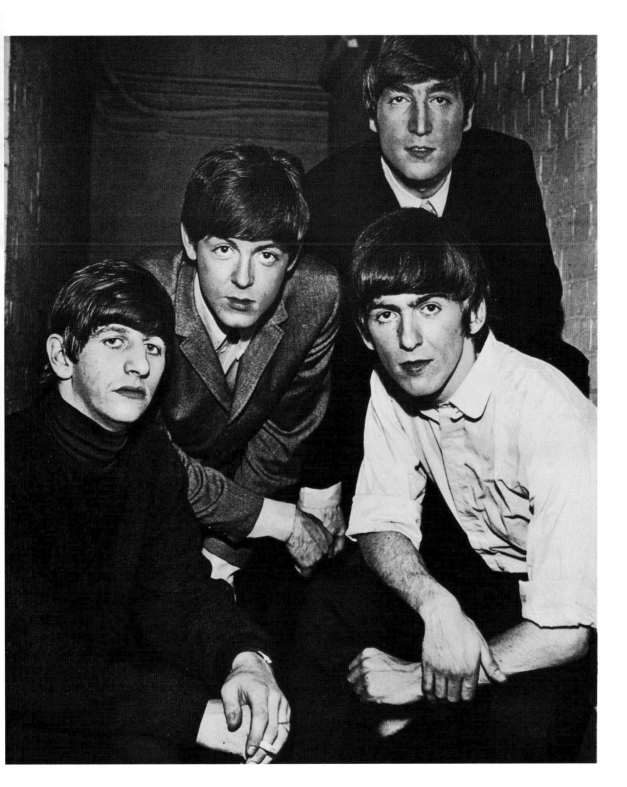

para zafarse de las perseguidoras en la estación de tren– choca con la decisión que tomaron dos años más tarde de dejar hacer conciertos. Son más incisivos los apuntes sobre el control que sufren, a pesar de que siempre cumplen sus compromisos, o el encuentro con la prensa, donde se enfrentan a preguntas intrascendentes y rutinarias. Además, la película se adelantaba a un hecho real que sucedería en el seno de la banda años más tarde: el enfado y abandono momentáneo de Ringo Starr en la parte final de la película se reprodujo, en la realidad, en agosto de 1968, durante casi dos semanas, cuando, en la grabación del Álbum Blanco, McCartney le corrigió su manera de tocar la batería.

Un gran acierto del guion, por inesperado y eficaz, es la inclusión del abuelo de Paul, interpretado por el irlandés Wilfrid Brambell, popular en televisión británica en aquellos años por la serie *Steptoe and Son*. En un panorama en que las jóvenes estrellas de la nueva música tenían que demostrar que eran gente sana y respetable –el sexagenario Ed Sullivan había dado fe ante su audiencia de que los Beatles eran buenos chicos–, el anciano Brambell personificaba en la película todo lo contrario: mentiroso, travieso, libertino, embaucador, liante, pone en aprietos a su nieto y amigos. «La vieja generación lleva al país a la ruina total», dice finalmente John Lennon.

United Artists veía el film como una operación mayor gracias a los beneficios de la banda sonora.

De izquierda a derecha, George Harrison, el productor Walter Shenson, Ringo Starr, el director Richard Lester, John Lennon y Paul McCartney.

LAS CANCIONES

El álbum *A Hard Day's Night*, publicado el 10 de julio de 1964, fue el tercer disco de la banda y el único en el que todo eran composiciones originales de Lennon y McCartney. En la cara A del vinilo se incluían las siete nuevas piezas para la película (*A Hard Days' Night, I Should Have Known Better, If I Fell, Can't Buy Me Love, And I Love Her, I'm Happy Just to Dance with You* y *Tell Me Why*); en la B, otra seis que no aparecían en ella (*Any Time At All, I'll Cry Instead, Things We Said Today, When I Get Home, You Can't Do That* y *I'll Be Back*). En cambio, en el film sonaban también cuatro canciones de discos anteriores. En la escena en que los Beatles se escapan a un club nocturno, bailan los temas que allí suenan, sus propias *I Wanna Be Your Man, Don't Bother Me* y *All My Loving*, pertenecientes al segundo disco *With the Beatles* (1963), mientras que *She Loves You*, single sin álbum de agosto de 1963, es interpretada por el grupo en la grabación televisiva final. Algunos números musicales sorprenden como precursores del videoclip (cantan *I Should Have Known Better* enjaulados frente a un grupo de chicas; *Can't Buy Me Love* suena dos veces, siempre en secuencia

Paul McCartney y su abuelo en la ficción (Wilfred Brambell) camuflándose en plena beatlemanía para no ser reconocidos por las fans.

de «montage» con imágenes relajadas del grupo; y la secuencia inicial de créditos con *A Hard Day's Night* de fondo) y las actuaciones televisivas se distinguen por la variedad de ángulos frente a la frontalidad habitual de ese tipo de grabaciones.

La película fue un éxito y estuvo nominada a dos Oscars (Alun Owen por el guion y George Martin por la banda sonora). Por contrato tenían que hacer dos películas más. La segunda, *¡Help!* (1965) contó con un presupuesto tres veces mayor (millón y medio), pero solo reportó seis millones, algo más de la mitad que la primera. En ella, que lucía color, se optaba por aumentar la dosis de humor absurdo y se decantaba por una trama de espionaje. En los números musicales, se potenciaba la estética prevideoclip, especialmente una escena en la nieve. Sin embargo, esta segunda experiencia no fue satisfactoria para los Beatles que mostraron menos interés por el cine, aunque les quedaba por hacer un film con United Artists. Finalmente aceptaron la propuesta de la cinta de animación *El submarino amarillo* (1968), de George Dunning, en la que acabaron apareciendo ellos en una escena final de imagen real.

El estilo desenfadado e imaginativo de las película de los Beatles influyó en otras películas sobre grupos de rock y pop. Por ejemplo en España, *Los chicos con las chicas* (1967), de Javier Aguirre, con Los Brincos, y *¡Dame un poco de amooor!* (1968), de José María Forqué, con Los Bravos.

HEAD

1968. Estados Unidos. **Prod.:** Raybert Productions. Bob Rafelson y Jack Nicholson. **Dir.:** Bob Rafelson. **Guion:** Bob Reafelson y Jack Nicholson. **Fot.:** Michel Hugo, en color. **Mús. Adicional:** Ken Thorne. **Mont.:** Mike Pozen. **Canciones, interpretadas por The Monkees:** *Porpoise Song, Circle Sky, Can You Dig It?, As We Go Along, Daddy's Song, Long Title* y *Do I Have To Do This All Over Again?*. **Dur.:** 86 minutos. **R:** Davy Jones, Micky Dolenz, Michael Nesmith, Peter Tork (The Monkees), Annette Funicello, Victor Mature, Frank Zappa, Timothy Carey.

ARGUMENTO: The Monkees se encuentra en diferentes situaciones, propias de los géneros cinematográficos, sin encontrar su lugar.

The Monkees: Peter Tork y Mike Dolenz, y, debajo, Davy Jones y Michael Nesmith.

¿QUIÉN?

Único film de The Monkees, grupo artificial creado en 1965 por Bert Schneider y Bob Rafelson para la serie homónima. En realidad, The Monkees existen gracias a Lovin' Spoonful, banda líderada por John Sebastian y nacida a rebufo de The Beatles, y a las excesivas pretensiones económicas de estos además de la negativa de ceder sus canciones. Rafelson había pensado en ellos, que todavía no habían publicado su primer álbum, pero sí su exitoso *single Do You Belive in Magic*, para protagonizar una serie que llevase a la televisión el estilo y espíritu del film de los Beatles *¡Que noche la de aquel día!*.

Finalmente, los productores decidieron crear un grupo nuevo. Un anuncio en las revistas cinematográficas *Daily Variety* y *Hollywood Reporter* del 8 de septiembre de 1965 pedía «4 chicos locos de 17 a 21 años». Hubo 437 candidatos, entre ellos, Stephen Stills, meses antes de formar Buffalo Springfield, y Charles Manson, el más loco de todos.

Dos de los escogidos tenían experiencia en televisión como actores juveniles: el angelino Mickey Dolenz y el mancuniano Davy Jones quien, además, había sido nominado a un Tony en 1963 como actor secundario del musical *Oliver!* Los otros dos, el tejano Michael Nesmith y el washingtoniano Peter Tork venían de la música: el primero había publicado *singles* como Michael Blessing y el segundo había formado parte del grupo folk Au Go Go Singers.

Los Monkees buscan su sitio en diferentes géneros, como el western.

La serie *Los Monkees*, de la NBC se estrenó en septiembre de 1966 con gran éxito e, incluso, en su primera temporada obtuvo el Emmy a la mejor serie cómica, por encima de las populares *Superagente 86* o *Embrujada*. Además, el grupo se convirtió en superventas, pese a las críticas sobre su origen prefabricado y sobre la autoría ajena de las canciones, de compositores como Neil Diamond o Carole King, designados por la productora.

Sin embargo, la serie, que consistía en aventuras cómicas del grupo con toques de humor surrealista sin prescindir de canciones, perdió frescura en su segunda y última temporada. Además, tanto el grupo como los productores dejaron de tener interés por el proyecto y por aquello en lo que se había convertido. Sin embargo, Rafelson, futuro director de *El cartero siempre llama dos veces* (1981), buscaba debutar como cineasta y pensó abordar en cine un aspecto inexplorado de los Monkees: su propia naturaleza y el deseo del grupo de demostrar su validez e independencia.

¿CÓMO?

El título del film −*cabeza*− ya indica incluso una mayor voluntad rupturista: todo sucede en en la mente. De ahí lo surrealista y psicodélico. El guion fue escrito por Jack Nicholson y Bob Rafelson en estado alucinatorio, bajo influencia del LSD. La película, que se inicia con Mickey Dolenz lanzándose desde el puente Golden Gate de San Francisco, es un encadenado de situaciones en las que los miembros de la banda transitan por todos los géneros cinematográficos, desde el bélico hasta el western, pasando por el terror o la ciencia ficción; al respecto, Rafelson afirmaba en el documental *From The Monkees To Head* que las ganas de hacer cine y la incertidumbre sobre si dirigiría más de una película en el futuro le empujaron a hacer varias en una. Ello, por otra parte, ayuda a reforzar la sensación de impostura y artificio que envuelve al grupo, que desea a lo largo de la película ser libre y controlar su carrera. Los apuntes (aparentemente) absurdos −la presencia de un jugador de fútbol americano en las trincheras, una máquina expendedora de Coca-Cola en el desierto o la presencia de

Los Monkees, prisioneros; metáfora de su carrera artística.

un gigantesco Victor Mature –el Sansón del cine clásico–, en cuya cabellera se esconden diminutos Monkees, se mezclan con comentarios críticos como imágenes de la guerra de Vietnam y los obligados insertos musicales que hacen la vez de separadores.

Destaca el segundo número musical, la interpretación de *Circle Sky* en un concierto rodeados de centenares de fans enfervorizadas. Las imágenes en color de los cantantes, con efectos distorsionadores incluidos, se superponen a las de las jóvenes y se alternan con imágenes en blanco y negro de víctimas vietnamitas de atrocidades americanas. Al acabar la actuación, las admiradoras se vuelven locas y se abalanzan sobre los cantantes, a los que arrancan los trajes para descubrir que se trata de maniquíes, pero no les importa con tal de poder llevarse una de las cabezas de postín a casa. Un crudo resumen del fenómeno fan y de la posición de las estrellas en la industria que ilustra una reflexión de John Lennon sobre la *beatlemanía*, recogida por Hertsgaard (citando *The Complete Beatles Chronicle*, de Mark Lewisohn): «Me parece que podríamos enviar cuatro maniquíes de cera que nos representaran y que eso satisfacería a las multitudes».

Por otra parte, la variada búsqueda formal del film queda patente también en otros números como el inicial, *Purpose Song*, un baile psicodélico (con la imagen pintada) con sirenas después de que Dolenz haya caído al agua o el solo de Davy Jones de *Daddy's Song* con múltiples cortes y cambios de vestuario y fondos (blancos y negros) hasta conseguir efectos estroboscópicos.

Pese al éxito del grupo, el film fue un fracaso y duró poco. Uno de los motivos, la campaña de promoción: en el cartel, tan experimental como la película, no aparecía mención a The Monkees.

ROCK'N'ROLL HIGH SCHOOL

1979. Estados Unidos. **Prod.:** New World Pictures. Michael Finnell. **Dir.:** Allan Arkush. **Guion:** Richard Witley, Russ Dvonch, Joseph McBride, Allan Arkush y Joe Dante. **Fot.:** Dean Cundey, en color. **Mús.:** Alley Cat, de Bent Fabric. **Canciones e intérpretes:** *Blitzkrieg Pop, California Sun, I Just Wanna Something To Do, I Wanna Be Sedated, I Wanna Be Your Boyfriend, I Want You Around, Pinhead, Questioningly, Teenage Lobotomy, Rock'n'Roll High School, She's the One* y *Sheena is A Punk Rocker*, Ramones; *Did We Meet Somewhere Before?*, Paul McCartney & Wings; *School Days*, Chuck Berry; *Smoking in the Boys' Room*, Brownsville Station; *School's Out*, Alice Cooper; *Come Back Jones*, DEVO, *Teenage Depression*, Eddie & The Hot Roads; *Albatross* y *Jigsaw Puzzle Blues*, Fleetwood Mac, *So It Goes*, Nick Lowe; *High School*, Mc5; *C'mon Let's Go* y *You're the Best*, Paley Brothers; *A Dream Goes on Forever*, Todd Rundgren; *Rock'n'Roll*, Velvet Underground; *Spirits Drifting, Alternative 3, M386* y *Energy Fools the Magician*, Brian Eno. **Mont.:** Larry Bock y Gail Werbin. **Dur.:** 93 minutos. **R.:** P. J. Soles (Riff Randell), Dey Young (Kate Rambeau), Vincent Van Patten (Tom Roberts), Clint Howard (Eaglebauer), Mary Woronov (Directora Togar) y Joey Ramone, Johnny Ramone, Dee Dee Ramone y Marky Ramone (Ramones).

ARGUMENTO: Con la llegada de una nueva directora, la marcial señorita Togar, la música rock está en el punto de mira del instituto Vince Lombardi por su influencia negativa en los alumnos, en especial, la del grupo de moda Ramones, que en breve visitarán la ciudad para dar un concierto. A él quiere asistir la díscola Riff Randell para entregarles letras de canciones que les ha compuesto.

Riff Randell (P.J.Soles) altera la vida del instituto Vince Lombardi –nombrado así por un entrenador de fútbol americano– con su pasión por los Ramones.

¿QUIÉN?

Los Ramones, pioneros del punk e influencia de los británicos The Clash y Sex Pistols, no eran la primera opción de esta cinta de la productora de Roger Corman, New World Pictures, sino el grupo Cheap Trick, que había publicado su álbum debut en 1977. De hecho, ni siquiera el rock había sido la primera opción de un film que en un principio se iba a llamar *Disco High*, y quería explotar la moda de la música disco, certificada por películas como *Fiebre del sábado noche* (1977) o *¡Por fin!, ya es viernes* (1978).

Sin embargo, la formación escogida se retractó pensando que el film sería un fracaso. Y lo fue, debido a una distribución reducida a sesiones de medianoche. Sin embargo, esta comedia rockera de instituto ha pasado a la historia del rock por ser el único film interpretado por la banda de los falsos hermanos Ramone. Por su parte, Cheap Trick no aparecería en ningún film de ficción. Los Ramones llevaban cuatro álbumes publicados, pero, más allá de

Los Ramones llegan a la ciudad cantando I Just Want Have Something To Do *en un coche.*

Johnny Ramone tocando la guitarra en la habitación de la protagonista.

Kate Rambeau (Dey Young), amiga de Riff, y Tom Roberts (Vincent Van Patten), su enamorado, bailan. Les observan Riff, el profesor McGree de música clásica (Paul Bartel), reconvertido en fan punk, y Joey Ramone.

las actuaciones de sus inicios en el emblemático CBGB de Nueva York, les costaba conseguir un reconocimiento mayoritario en su propio país, algo que nunca consiguieron, en contraste con su buena aceptación en Reino Unido y países latinoamericanos. La película, debut en solitario de Allan Arkush, encargado junto a Joe Dante de la realización de trailers en New World Pictures, no supuso el espaldarazo a la carrera que ellos imaginaban.

¿CÓMO?

Los Ramones, que habían aparecido en el documental seminal *The Blank Generation* (1976), de Ivan Kral y Amos Poe, rodado en el local CBGB, son la fuerza motora de la película, aunque solamente aparezcan en ella en la segunda mitad del metraje. La protagonista es una fan acérrima de los Ramones, hace novillos durante tres días para situarse la primera en la cola con el objetivo de conseguir entradas al concier-

to, sueña con ellos, especialmente con el vocalista Joey –de ahí el número onírico *I Want You Around*, con el grupo tocando en la habitación de la chica–, y nada más iniciarse el film altera el orden del instituto poniendo *Sheena is a Punk Rocker*, lo que provoca el primer enfrentamiento con la nueva y autoritaria directora, encarnada por Mary Woronow, rostro habitual de la Factory de Warhol y que aparecería en 1986 en el videoclip paródico *Something To Believe In*, de Ramones.

Así, la película actualiza, a través del punk de los Ramones y en clave de comedia, el enfrentamiento entre generaciones por el rockabilly en los cincuenta. En este caso, la anarquía punk se materializa con la destrucción del instituto, que con la directora Togar, lejos de renovarse, había retrocedido en el tiempo con estructuras y tácticas filonazis, como la quema de los discos de los Ramones.

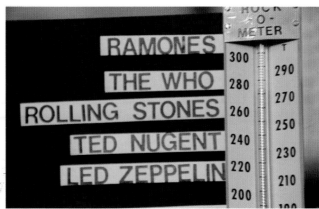

MOMENTOS MUSICALES

Ádemás del ya citado *Want You Around*, los Ramones tienen cuatro momentos musicales más. El primero, su llegada a la ciudad, en un cadillac descapotable, en una suerte de videoclip, cantando *I Just Want To Have Something To Do*. El más importante, el concierto –cinco canciones en doce minutos– en el teatro Roxy de Los Angeles ante enfervoriza-dos fans reales de la banda: *Blitzkrieg Pop, Teenage Lobotomy* –cuya letra aparece sobreimpresa en pantalla durante la actuación–, *California Sun, Pinhead* y *She's the One*. Después, en una visita al instituto, una actuación en los pasillos –*Do You Wanna Dance?* Y, por último, mientras explota el instituto, los Ramones alegremente interpretan *Rock'n' Roll High School*, la canción que la protagonista ha escrito para ellos. En realidad, era una composición del grupo, aparecida primero en la banda sonora de la cinta –publicada el mismo día del estreno– y, luego, como corte regrabado de su siguiente álbum, *The End of the Century* (1980), producido por Phil Spector.

Además de las canciones del grupo neoyorquino, suenan en la película más de una decena de piezas de otros artistas. Cabe destacar *Did We Meet Somewhere Before?*, que Paul McCartney había compuesto expresamente para el film *El cielo puede esperar* (1978), de Warren Beatty y Buck Henry, y fue rechazada. Por 500 dólares Arkush pudo utilizarla en dos ocasiones como tema de la historia de amor entre Kate, la amiga tímida de la protagonista, y su enamorado, Tom.

Por otra parte, el tema *Smoking in Boys' Room*, de Bronsville Station, se oye en una escena característica del humor absurdo que destila el film –una sala llena de humo y de personajes haciendo cosas disparatadas– y que recuerda al que estaban desarrollando por ese entonces los creadores de *Aterriza como puedas* (1980), entre ellos, Jerry Zucker, no por casualidad, director de la segunda unidad de la cinta de Arkush.

Un hamster gigante entre los asistentes al concierto, muestra del sentido del humor disparatado del film.

La autoridad y las fuerzas del orden del instituto: el profesor de música y la de educación física (Alix Elias) y los guardias descerebrados y Fritz Gretel (Daniel Davies) y Fritz Hansel (Loren Lester).

Mary Woronow encarna a la temible directora Togar.

Otra imagen gamberra del film: jugadores de futbol americano gastándole una novatada a un alumno.

En el artilugio creado por la directora Togar, el rockómetro, los Ramones figuran en el primer lugar de ruido y distorsión, por encima de bandas como los Who o los Rolling Stones.

119

RUDE BOY

1980. Reino Unido. **Prod.:** Buzzy Enterprises y Michael White Productions. Jack Hazan y David Mingay. **Dir.:** Jack Hazan y David Mingay. **Guion:** Ray Gange, Jack Hazan y David Mingay. **Mont.:** Peter Goddard y David Mingay. **Mús:** Joe Strummer y Mick Jones. **Canciones, interpretadas por The Clash:** *Revolution Rock, Police and Thieves, Career Opportunities, Garageland, London's Burning, White Riot, White Man in Hammersmith Palais, I'm So Bored with the USA, Janie Jones, The Prisoner, Tommy Gun, All the Young Punks, Stay Free, Complete Control, Safe European Home, What's My Name, No Reason, Let's Good Times Roll, I Fought the Law* y *Rudie Can't Fail*. **R.:** Ray Gange (Ray) y Joe Strummer, Mick Jones, Paul Simonon y Topper Headon (The Clash). 133 minutos.

ARGUMENTO: Ray, un joven seguidor de The Clash, de comportamiento errático, consigue convertirse en *roadie* del grupo en una época socialmente convulsa en Reino Unido, previa al nombramiento de la conservadora Margaret Thatcher como primera ministra.

¿QUIÉN?

Aunque ni The Clash ni Joe Strummer, su principal vocalista, son los protagonistas, la formación tiene un papel primordial en la cinta y esta transmite el espíritu punk en una sociedad británica que atraviesa una fuerte crisis económica, que se enfrenta al auge de ideologías racistas y que ofrece pocas oportunidades laborales para la juventud.

Al mismo tiempo que Malcolm McLaren, agente de los Sex Pistols, ponía en marcha el documental *Dios salve a la Reina* (1980), de un entonces principiante Julien Temple, sobre el grupo punk, su exsocio Bernard Rhodes, mánager de The Clash, contactaba con los directores Jack Hazan y David Mingay, director y montador, además de guionistas ambos, de *A Bigger Splash* (1974), docuficción sobre el pintor David Hockney y su modelo y amante Peter Schlesinger, para realizar un film sobre el grupo liderado por Joe Strummer y Mick Jones. The Clash ya había publicado su primer álbum, homónimo, en 1977 y eran una de las bandas más políticamente comprometidas cuando empezaron el rodaje de *Rude Boy* en la primera mitad del año siguiente. Irónicamente, Rhodes sería despedido como mánager del grupo en octubre de 1978, antes de la finalización de la filmación.

¿CÓMO?

El film combina parte documental con ficción. Se inicia con imágenes de una manifestación del National Front, partido de extrema derecha británico, que acaba en disturbio por el enfrentamiento contra antifascistas. En cuanto a The Clash, ese año de rodaje sirvió para registrar tanto aspectos personales como profesionales de la banda. Así, la película da buena cuenta de los problemas de la formación con la ley como la multa de 700 libras al bajista Paul Simonon y al batería Topper Headon, en marzo de 1978, por disparar a (y matar) palomas de competición con rifles de aire comprimido. También documenta, entre otras actuaciones musicales, la participación de la banda en el concierto de Rock contra

el racismo, de abril de 1978, (donde tocó *London's Burning* y *White Riot*), la grabación de temas de su segundo disco *Give 'Em Enough Rope* (1978), como *All the Young Punks*, o la gira británica *Sort It Out* de diciembre de 1978.

El hilo conductor de todo ello es el veinteañero Ray, trabajador de un sexshop, amigo de Strummer y fan del grupo, que acaba siendo incómodo *roadie*, ya que no comparte el compromiso político de la banda e, incluso, tiene amistades filonazis. Esa es la parte de ficción: el debutante Ray Gange, que da vida a Ray, era amigo de Strummer, quien le animó a participar en la película, pero, en realidad, trabajaba en una tienda de discos próxima al sexshop y no compartía las opiniones de su personaje.

Material publicitario de la época.

Ficción y documental son todo uno en momentos como en el que Gange, empujado por los directores, se dirige al público del concierto contra el racismo y le anima a reclamar más canciones del grupo después de que haya acabado su actuación. Hubo mucha improvisación en los diálogos y la actitud de los directores era más iconoclasta que servil. «Ellos son vistos de manera neutral, cosa que es extraordinaria. Para mí, ellos no eran más especiales que cualquier otra persona a la que pudiera filmar en una situación documental. No significaban nada para mí y su música solo era rock'n' roll, ¡que no me gusta! ¡Y eso no es malo! Porque los miras de forma objetiva y así consigues algo real. No era su esclavo y eso era fantástico», diría Hazan a la revista straight.com en 2016.

Además, en el segundo tramo del film, una subtrama aislada sobre dos carteristas de raza negra, que son detenidos por la policía, sirve para denunciar la brutalidad de las fuerzas de seguridad. Sin embargo, esta parte es la que más disgustó a Strummer, que lamentaba que la cinta cayera en el tópico de relacionar la comunidad negra con la delincuencia. The Clash no apoyó la película una vez realizada y no asistió a su estreno en el Festival de Berlín en febrero de 1980, donde obtuvo una mención honorífica. Llegaron a encargar pins con el lema *I don't Want Rude Boy Clash Film* (No quiero la película de los Clash *Rude*

Ray Gange, protagonista del filme, nexo entre la ficción y el documental.

Boy). Pese a ello, el film, en su extraña y sugerente mezcla, con una narración imprevisible llena de elipsis, retrata el Reino Unido que la banda criticaba en sus canciones y evita cualquier hilo de esperanza, lo que la define como una película punk, en fondo y forma.

MOMENTOS MUSICALES

El reconocimiento a la película ha ido en aumento, aunque siempre se valoraron las diversas actuaciones de la banda. Sin embargo, problemas técnicos hicieron inservibles las grabaciones originales y el sonido se tuvo que grabar encima de las imágenes a posteriori.

Las canciones que aparecen pertenecen a los dos primeros discos de la banda, excepto una versión instrumental de *Revolution Rock*, que se oye como música extradiegética para la presentacion de Ray, y *Rudie Can't Fail*, dedicada a Ray Gange, que se utiliza como cierre sobre imágenes de Margaret Thatcher llegando a Downing Street. Las dos se incluirían en el tercer álbum, *London Calling*, publicado a finales de diciembre de 1979.

La primera actuación, de *Police and Thieves*, se grabó en Birmingham el 1 de mayo de 1978 y destaca por el opresivo encuadre sobre el rostro de Joe Strummer, que lleva la famosa camiseta que aúna dos grupos terroristas de izquierda, la italiana Brigadas Rojas y la alemana RAF; la última, de *I Fought the Law*, en el Lyceum Theatre de Londres, el 28 de diciembre, que sirve de resumen punk del film.

Entre ellas, destacan la interpretación de *Janie Jones*, filmada el 4 de julio en el Apollo de Glasgow, interrumpida por Mick Jones debido a la actuación del equipo de seguridad contra el público, que quería subir al escenario; la electricidad de Strummer en la de *Tommy Gun* en el Kinema Ballroom de Dunferline el 6 de julio; la grabación íntima de Mick Jones de *Stay Free* en los estudios Wessex; y un acuclillado y arrastrado Strummer en las de *Safe European Home* y *What's My Name* en el Music Machine de Camden el 27 de julio, además del ya mencionado doblete en el concierto contra el racismo.

PURPLE RAIN

1984. Estados Unidos. **Prod.:** Purple Films Company. Robert Cavallo, Joseph Ruffalo y Steven Fargnoli. **Dir.:** Albert Magnoli. **Guion:** Albert Magnoli y William Blinn. **Fot.:** Donald E. Thorin, en color. **Mont.:** Albert Magnoli. **Mús.:** Michel Colombier. **Canciones e intérpretes:** *Let's Go Crazy, Take Me With U, The Beautiful Ones, God, When Doves Cry, Father's Song, Computer Blue, Darling Nikki, Purple Rain, I Would Die 4 U* y *Baby I'm A Star* (Prince and The Revolution); *Jungle Love* y *The Bird* (The Time); y *Sex Shooter* (Apollonia 6). **Dur.:** 106 minutos. **R:** The Kid (Prince), Apollonia Kotero (Apollonia), Morris Day (Morris), Olga Karlatos (Madre), Clarence Williams III (Padre).

ARGUMENTO: The Kid, con su banda, The Revolution, es una de las estrellas del club First Avenue de Mineápolis. Su mayor competidor en el local es el vanidoso Morris con el grupo The Time. Con la llegada a la ciudad de Apollonia, una joven que quiere triunfar en la música crece la rivalidad entre los dos artistas.

Purple Rain, *un film a la medida de Prince.*

Prince, en el film, con su famosa Cloud Guitar blanca, que tocó por primera vez en la película.

¿QUIÉN?

Primera película protagonizada por Prince, *Purple Rain* fue un proyecto pensado tanto en su versión fílmica como discográfica ya que la banda sonora de la película sería el sexto álbum del cantante, después del exitoso *1999* (1982), que había vendido tres millones de copias. Prince quería protagonizar un film que le permitiera dar el paso definitivo hacia el estrellato. Amenazó a sus agentes, Roberto Cavallo, Joseph Ruffalo y Steven Fargnoli, con no renovar con ellos si no le conseguían un contrato cinematográfico.

En su búsqueda de un director, los agentes, que figuran como productores del film, dieron con James Foley, que, acababa de rodar su primera película, *Rebeldes temerarios*. El joven director, que en 1987 dirigiría *¿Quién es esa chica?*, protagonizada por Madonna, rechazó la propuesta y recomendó al montador de su film, Albert Magnoli, ex compañero de la Universidad de California de Sur (USC) que, pese a no haber dirigido ningún largometraje, había recibido una mención en los Oscars universitarios por su trabajo de tesis, *Jazz* (1979), sobre tres *jazzmen*.

Prince le mostró a Magnoli un centenar de canciones originales de las que el director eligió una docena. Paradójicamente las dos piezas más célebres de la banda sonora, *When Doves Cry* y *Purple Rain*, que da título al álbum y al film, no estaban entre esas cien. Magnoli le pidió *When Doves Cry* para acompañar una secuencia de «montage» (diferentes planos o

El papel de Apollonia estaba previsto para la cantante Vanity (Denise Matthews), por entonces pareja de Prince. Tras la ruptura sentimental, la escogida fue Apollonia Kotero (nombre real: Patricia), aparecida en series como La isla de la fantasía *o* El coche fantástico. *Tras el film tendría un breve papel en* Falcon Crest.

escenas unidas por un mismo fondo musical). En cuanto a *Purple Rain*, Prince la interpretó por primera vez en un concierto benéfico en agosto en el que estaba presente Magnoli, que decidió incluirla. El cantante accedió y tuvo la idea de titular la cinta como la canción.

¿CÓMO?

Tres meses antes del estreno de *Stop Making Sense*, en la que Jonathan Demme revolucionaba el concepto de film-concierto Magnoli llenó su película de ficción de actuaciones (en *playback*) que se veían enteras en el film. De las 14 canciones que suenan (de tres formaciones distintas: Revolution, TheTime y Apollonia 6), solo dos no corresponden a interpretaciones en pantalla, la ya mencionada *When Doves Cry* y *Take Me With U*, que tampoco estaba entre aquellas cien y que Prince compuso específicamente para el trayecto en moto de The Kid y Apollonia. Cada actuación se rodó dos veces con cuatro cámaras por canción en el club First Avenue de Minneapolis, donde pasa gran parte de la acción y el mismo en el que Prince solía actuar en su ciudad natal. De hecho, aunque no enteramente autobiográfica, la película contenía aspectos cercanos a la vida del artista: una relación difícil con su padre y tensiones en el seno de The Revolution, su banda, cuyos miembros se interpretan a sí mismos, como los de The Time, formación creada por el propio Prince.

El cantante ganó el Oscar y el Grammy por la banda sonora de canciones y estuvo nominado al globo de Oro a la mejor canción por *When Doves Cry*. A su vez, *Sex Shooter*, compuesta por él, pero interpretada en el film por Apollonia Six, fue candidata al Razzie a peor canción del año. También lo fue Apollonia Kotero como peor actriz novel.

El film fue un gran éxito desde su estreno a finales de julio de 1984. El primer *single* del álbum *When Doves Cry* había aparecido dos meses antes y estuvo cinco semanas en el nº1 a partir de principios de julio. Por su parte, el videoclip de la canción, dirigido por el propio Prince, se había estrenado en junio en MTV, cadena copropiedad de Warner Bros, distribuidora del film. Había todo un engranaje para hacer del film el gran éxito que fue: alcanzó el número uno en su primer fin de semana con más de siete millones y acabó decimosegunda más taquillera del año en Estados Unidos con 68. Sobre 7 millones de presupuesto.

PRINCE Y EL CINE

No fue la única experiencia cinematográfica de Prince. En 1986 debutó como director en *Under The Cherry Moon*, después de que su directora, Mary Lambert, realizadora de videoclips para Madonna (*Like a Virgin*, *Material Girl* o *La Isla Bonita*), abandonara el film tras desavenencias con Prince, también protagonista. La película recaudó solo diez millones de dólares (sobre nueve de presupuesto) y obtuvo cinco premios Razzie, entre ellos el

La banda sonora del film incluye piezas emblemáticas como When Doves Cry o la misma Purple Rain.

de peor película y tres para Prince (peor director, actor y canción, *Love Or Money*). En ella debutó la británica Kristin Scott-Thomas, que no pudo demostrar el talento del que haría gala en su carrera posterior (*Cuatro bodas y un funeral*, *El paciente inglés*) y estuvo nominada en la categoría de peor actriz secundaria.

Mejores comentarios recibió *Sign O'the Times* (1987), film-concierto de la gira europea del disco homónimo, dirigido por Prince con la colaboración no acreditada de Magnoli en filmaciones adicionales. Distanciándose de la gravedad de *Purple Rain* y liberada de la dependencia de una historia de ficción, *Sign O'the Times* es una espectacular y cuidada colección de actuaciones vibrantes, con la intercalación de *sketches* que le proporciona una ligera línea argumental. Pasó desapercibida comercialmente; merece ser redescubierta.

Aunque no enteramente autobiográfica, la película contenía aspectos cercanos a la vida del artista.

La colaboración con Magnoli continuó en videoclips como *Batdance* o *Scandalous*, de la banda sonora de Prince para *Batman* (1989). Magnoli se convirtió en ese año en mánager del artista después de los decepcionantes resultados de su disco *Lovesexy* (1988), que llevaron al despido de Cavallo-Ruffalo-Fargnoli. La asociación, sin embargo, no duró demasiado debido a desavenencias por *Graffiti Bridge* (1990), la segunda parte de *Purple Rain*, que iba a dirigir Magnoli y de la que se encargó el propio cantante con malos resultados. El film obtuvo, de nuevo, la atención de los Razzie, que no la premiaron, pero le otorgaron cinco nominaciones, entre ellas, peor película y tres para Prince (actor, director y guionista). Antes de la ruptura profesional hubo también el proyecto de hacer un biopic sobre el pionero del blues Robert Johnson, con Prince como Johnson y Magnoli como director.

CONCIERTOS Y DOCUMENTALES

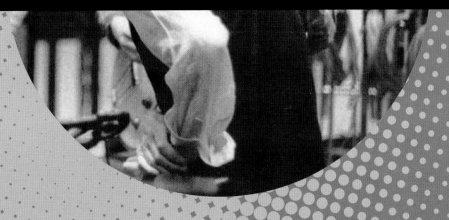

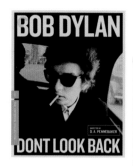

DON'T LOOK BACK

1967. Estados Unidos. **Prod.:** Leacock Pennebaker Inc. Albert Grossman y John Court. **Dir.:** D.A. Pennebaker. **Fot.:** D. A. Pennebaker, Howard Alk, Jones Alk y Ed Emshwiller. **Mont.:** D. A. Pennebaker. **Canciones e intérpretes:** *Love Is Just a Four Letter Word*, Joan Baez; *To Sing For You*, Donovan; *Subterranean Homesick Blues*, *Don't Think Twice It's All Right*, *Gates of Eden*, *It's All Over Now Baby Blue*, *It's Alright Ma (I'm Only Bleeding)*, *The Lonesome Death of Hattie Carroll* y *The Times Are a Changin'*, Bob Dylan. **Dur.:** 92 minutos. Con Bob Dylan, Albert Grossman, Bob Neuwirth, Joan Baez, Alan Price, Tito Burns, Donovan y Derroll Adams.

¿QUÉ?

Retrato íntimo de Bob Dylan durante su gira inglesa de presentación del disco *Bringing It All Back Home*, iniciada en el Sheffield City Hall el 30 de abril de 1965 y acabada el 9 y 10 de mayo en el Royal Albert Hall de Londres. En el álbum daba muestras de su viraje del folk al rock, algo que disgustó a parte de sus seguidores. Esa desafección parcial se haría evidente pocos meses más tarde en el Folk Festival de Newport, celebración de la música folk a la que cada verano asistía Dylan como gran reclamo. Solo contaba con 24 años y era todo un emblema para las jóvenes generaciones gracias a sus canciones protesta. Aquel año en Newport, con cazadora de cuero, cambió la guitarra acústica por la eléctrica en temas como *Maggie's Farm* o *Like A Rolling Stone*, tras las cuales recibió abucheos que destacaban sobre los aplausos, estos sí generalizados cuando regresaba a su versión habitual en piezas como *Mr. Tambourine Man* o *It's All Over Now, Baby Blue*.

En este sentido, en la película se puede ver cómo una fan adolescente que le espera a las puertas del hotel de Liverpool le pregunta si esa noche va a tocar *The Times Are a Changin'* segundos antes de afirmar (gratuitamente) que no le gusta *Subterranean Homesick Blues*. En otro momento, en Newcastle, el cantante, decidido en su transición hacia el rock, mira en un escaparate guitarras eléctricas que no se podían encontrar entonces en Estados Unidos.

El documental fue una propuesta del mánager de Dylan, Albert Grossman, al documentalista D. A Pennebaker, que tuvo libertad de movimientos y acceso amplio, aunque en los comentarios del film en el DVD el director reconoció que Dylan no le permitió grabar una cena de máscaras en la que también participaba el cantautor Donovan.

MOMENTOS DESTACADOS

La película, colección de fragmentos sacados de la realidad, sin música añadida, con malas condiciones de luz y sonido (que refuerzan el sentido de opresión), y ordenados mayoritariamente de manera cronológica, se abría con una escena que, si bien se alejaba del estilo dominante, se ha convertido en icónica: un clip en el que, mientras suena la rockera *Subterranean Homesick Blues*, Dylan va pasando carteles con palabras escogidas de la letra de la canción. Al fondo, hablan el poeta Allen Ginsberg y Bob Neuwirth, el mánager de la gira. Este corte ha sido evocado posteriormente en, entre otras, *Ciudadano Bob Roberts* (1992) de Tim Robbins.

Sin embargo, el film no destaca por sus actuaciones musicales ya que la mayoría no están completas porque Pennebaker no concebía su cinta como un film-concierto. Son otros instantes más personales los que jalonan la obra y le confieren su personalidad distintiva. Película pionera, es un retrato sin paliativos de una estrella de la música, como pocas veces se ha permitido hacer. Aunque, a priori, se diría que Dylan no tenía motivos para estar satisfecho con el film, el cantante, según Pennebaker, no propuso ningún cambio en el montaje final.

Don't Look Back, en su construcción, muestra el aumento de la tensión de la gira. Incluye momentos distendidos en un hotel con Joan Baez, que lo acompañaba –aunque no actuaba–, pero también la tensión previa a un concierto cuando se muestra impertinente

El momento más icónico de la película, el clip Subterranean Homesick Blues, *con Bob Dylan pasando carteles con palabras (y alguna frase) de la letra. En el margen izquierdo, Bob Neuwirth (de espaldas) y Allen Ginsberg.*

131

con un estudiante universitario que le quiere hacer una entrevista. Se incluye una rueda de prensa cordial al inicio de la gira, pero también una diatriba represiva contra un periodista al final de ella. Aparecen de forma amistosa personalidades de la canción como Marianne Faithfull y Alan Price, de The Animals, pero Dylan hace un comentario burlón en el concierto final de Londres, ante el público, sobre Donovan, del que parece molestarle el espacio que también le dedican los medios. Por su parte, este aparece tímido, temeroso. En una secuencia nocturna en el hotel, con una habitación llena de gente, se plasma la personalidad de cada uno de ellos, su diferencia de estatus y lo que se transmiten el uno al otro. Dylan se muestra agresivo con un individuo porque cree que este, borracho, ha tirado un vaso a la calle. Donovan, de 19 años, mira la escena sentado y se ofrece a ayudar sin que nadie lo tome en serio. Poco después, ya con el ambiente calmado, el chico toca su *To Sing For You* ante un Dylan que oculta su mirada detrás de unas gafas oscuras; acto seguido, este toma la guitarra e interpreta *It's All Over Know, Baby Blue* (*Se ha acabado todo, Baby Blue*). La escena concluye con Donovan musitando, casi sin atreverse, que él conocía a una chica llamada así.

¿QUIÉN DIRIGE?

D. A. Pennebaker (1925–2019), uno de los primeros y mayores exponentes del *direct cinema*, de estilo observacional (*fly-on-the-wall*: lo que vería una mosca desde una pared). *Don't Look Back* fue, después de más de una década de carrera profesional, su primera obra sobre rock, posibilitada por el desarrollo que él, entre otros, había hecho de una cámara portátil de 16 mm con sistema sincrónico de sonido e imagen. Desde entonces no dejaría el *rockumentary* y captó imágenes antológicas de la historia del rock: el festival de Monterrey, previo a Woodstock (*Monterrey Pop*, 1968), la actuación explosiva de Jimi Hendrix en dicho festival (*Jimi Plays Monterrey*, 1986) o el último concierto de personaje de David Bowie Ziggy Stardust (*Ziggy Stardust and the Spiders from Mars*, 1973), además de obras, de distintos metrajes, dedicadas a Alice Cooper, Depeche Mode,

Bob Dylan en su paso del folk al rock.

Suzanne Vega o Little Richard, entre otros. Pennebaker obtuvo en 2012 un Oscar Honorífico por su aportación al cine documental.

Cuarenta años después de *Don't Look Back* escarbó en veinte horas de material filmado entonces y montó *65 Revisited* (2006), de 65 minutos de duración y que da una nueva perspectiva de aquella gira británica de Dylan. A diferencia de la cinta original, *65 Revisited* está plagado de actuaciones completas del cantautor (*Remeber Me, It Ain't Me Babe, To Ramona, You're the One, Purple Heather,...*), el film-concierto que aquella no fue. Según declaraciones de Pennebaker en el comentario de DVD, recogidas por Baker: «No quise hacer *Don't Look Back II*, pero encontramos cosas que había olvidado o de las que no me había percatado en un primer momento. Y todo el proceso estuvo repleto de sorpresas». El film concluye con una grabación alternativa del clip *Subterranean Homesick Blues* —se hicieron tres— en la terraza del Hotel Savoy de Londres, con un Dylan luchando estoico contra el viento, escena elocuente en sí misma de por qué no fue elegida.

Sin embargo, los intervalos entre actuaciones muestran un perfil de Dylan distinto, más relajado y distendido, cordial con la prensa y admiradores e, incluso, siendo objeto de burla. (Incluye, además, la aparición de Nico, cantante de The Velvet Underground.) Una obra que, en díptico con *Don'Look Back*, pone en entredicho la presunta objetividad del *direct cinema*, al evidenciar un sesgo en la selección de las imágenes.

*D.A. Pennebaker
filmando a Bob Dylan.*

LET IT BE

1969. Estados Unidos. **Prod.:** United Artists. Neil Aspinall. **Dir.:** Michael Lindsay–Hogg. **Fot.:** Tony Richmond. **Mont.:** Tony Lenny. **Canciones, todas interpretadas por The Beatles:** *Don't Let Me Down, Maxwell's Silver Hammer, Two of Us, I've Got a Feeling, Oh Darling, One After 909, Across the Universe, Dig A Pony, Suzy Parker, I Me Mine, Bésame mucho, Octopus's Garden, Yoy Really Got a Hold On Me, For You Blue, Shake Rattle and Roll, Kansas City/Miss Ann/Lawdy Miss Clawdy, The Long and Winding Road, Dig It, Let It Be y Get Back.* **Dur.:** 81 minutos. Con The Beatles (John Lennon, Paul McCartney, George Harrison, Ringo Starr), Yoko Ono y Billy Preston.

Paul McCartney, Ringo Starr, John Lennon y George Harrison en 1968.

¿QUÉ?

El fim recoge los ensayos de lo que tenía que ser el álbum *Get Back* y acabó siendo *Let It Be* (1970), el último disco publicado por la banda (aunque grabado anteriormente a *Abbey Road*, aparecido en 1969). De hecho, *Let It Be* salió al mercado en mayo de 1970, un mes después de que Paul McCartney anunciara públicamente su salida del grupo, y por extensión, la disolución del mismo (John Lennon ya se había marchado meses antes). Por eso *Let It Be*, película y disco, son historia del rock.

Un momento de distensión de los Beatles.

Tras la publicación exitosa, pero problemática, del doble álbum *The Beatles* (1968), conocido como el Álbum blanco, *Get Back (Volver atrás)* había de ser un retorno a los orígenes de la banda, que había dejado de dar conciertos en 1966 y que ahora se planteaba realizar uno grande como parte del proyecto, que también incluía la grabación de un documental, además de la propia filmación del concierto. Era el plan de Paul McCartney, que se había erigido como el guía de la banda después de la inesperada muerte en agosto de 1967 del mánager Brian Epstein. El objetivo era buscar nuevos alicientes y reconectar a los miembros de una formación que internamente no estaba atravesando un buen momento.

Sin embargo, el proyecto no fructificó tal como estaba previsto. El lugar escogido para los ensayos fue el plató cinematográfico de Twickenhalm Studios, donde ya habían rodado *¡Qué noche la de aquel día!* (1964), pero las condiciones ambientales y horarios eran incó-

modos. Se acabaron trasladando a la sede de Apple, la discográfica que habían fundado en 1968. Además, el resultado de *Get Back* fue insatisfactorio para el grupo: algunas interpretaciones desganadas denotaban cansancio en la formación y la intención de publicarlo sin pulir, manteniendo tanto las imperfecciones como los comentarios entre canciones, no cuajó, visto el resultado. *Get Back* quedó apartado, pero tiempo después de grabar *Abbey Road*, decidieron llamar al conocido productor musical Phil Spector para que rescatara el disco, que fue publicado en mayo de 1970 como *Let It Be*. Aunque Lennon alabó el trabajo de Spector, McCartney siempre mostró su disconformidad con el resultado final –especialmente los arreglos recargados de su *The Long and Winding Road*– y en 2003 reeditó el álbum sin los añadidos de Spector con el título *Let It Be... Naked (Déjalo estar... al desnudo)* y cambiando *Maggie Mae* y *Dig It* por *Don't Let Me Down* (que había sido cara B del *single Get Back*), además de añadir *Fly On The Wall*.

Un atento George Harrison.

137

Imagen perteneciente
a la última sesión
fotográfica de los Beatles,
22 de agosto de 1969.

Una de las imágenes icónicas de los Beatles es la de su último concierto el 30 de enero de 1969 en la azotea del edificio de Apple, una iniciativa que sustituía la idea grandilocuente de una actuación en un escenario de ensueño y resultó, sin que lo supieran los interesados, en una antológica despedida rockera de la banda más importante del rock y el pop: cuatro jóvenes melenudos (más el teclista afroamericano Billy Preston, colaborador en el disco) alteran la cotidianidad del barrio mientras la gente se detiene sorprendida en la calle o se agrupa en terrazas vecinas y la policía espera para entrar en el edificio y detener el espectáculo. Esas imágenes las tenemos gracias al documental. Si no hubiera habido película, tampoco habría habido concierto.

Aunque la secuencia ocupa los últimos 20 minutos del film, en realidad duró 42 minutos y en ella se tocaron cinco canciones (alguna de ellas repetida dos veces): *Get Back, Don't Let Me Down, I've Got a Feeling, Dig a Pony* y *The One After 909*; todas ellas aparecen en la cinta.

138

Sin embargo, más allá de este registro antológico, *Let It Be* muestra el enrarecimiento de las relaciones entre los miembros de la banda, especialmente hacia Paul McCartney. Célebre es la conversación entre Paul y George, en el que las indicaciones del primero en los ensayos en Twickenham incomodan al segundo:

—Intento ayudarte, pero siempre acabo molestándote, George.

—No estás molestándome.

—No estoy diciendo que lo hagas mal. Intento que esto funcione para la banda. ¿Podemos probar de esta otra manera?

—Ok. A mí no me importa. Tocaré lo que quieras que toque o no tocaré nada si es lo que quieres. Lo que sea que te complazca.

De hecho, Harrison se marchó unos días, como antes había hecho Ringo Starr en la grabación del Álbum blanco, otra vez por unas indicaciones de McCartney sobre cómo había de tocar la batería.

También atestigua la cinta la presencia permanente e inquietante de una Yoko Ono siempre de negro. Mientras en el ensayo en Twickenham de *Across the Universe* y *Dig A Pony*, aparece en silencio y convenientemente situada entre Lennon y McCartney, cerca del primero y separados visualmente los dos del segundo por el brazo del micrófono de pie —una forma de marcar la distancia entre los dos amigos y la responsabilidad de Ono en ello—, la vemos luego bailar con Lennon mientras los demás tocan *I Me Mine*. Por otra parte, un número muy recordado en Twickenham es la interpretación de Paul y John en el mismo micrófono cantando *Two Of Us*, composición de McCartney sobre su relación con Linda, pero que, a menudo, se ha interpretado como una pieza sobre Paul y John.

Más cálidas que las del frío estudio de cine son las imágenes en el estudio de Apple, en el que les acompañó el teclista afroamericano Billy Preston. Allí vemos un siempre sonriente Ringo Starr y su conexión con George Harrison, además de la presencia simpática de la hija

Una de las imágenes icónicas de los Beatles, la de su último concierto el 30 de enero de 1969 en la azotea del edificio de Apple.

de Paul, Heather, de apenas diez años. Destaca la enérgica interpretación del clásico rockero *Shake, Rattle and Roll*, de Bill Haley, y el popurrí formado por *Kansas City, Miss Ann* y *Lawdy Miss Clawdy*. Momentos que muestran que la banda todavía podía disfrutar tocando. Sin embargo, cuando los Beatles ganaron un Oscar por la música del film, ninguno de sus exmiembros subió a recogerlo; lo hizo Quincy Jones, el director musical de la gala.

¿QUIÉN DIRIGE?

Postal del film en la que se ve a Yoko Ono detrás de John Lennon.

Aunque Paul McCartney había propuesto que fuera Yoko Ono quien la dirigiera, como estrategia para limar asperezas con Ono y Lennon, fue la artista nipona la que se negó, más interesada en un cine experimental. El escogido fue Michael Lindsay-Hogg (1940), neoyorkino que ya había realizado vídeos musicales para el grupo (*Rain*, 1966; *Hey Jude*, 1968; *Revolution*, 1968...), The Who (*Happy Jack*, 1966) y, sobre todo, The Rolling Stones (*Jumpin' Jack Flash, Sympathy for the Devil, You Can't Always Get What You Want* –todas de 1968–...), de quienes dirigiría el especial *The Rolling Stones Rock and Roll Circus* (1968), que no vería la luz hasta tres décadas más tarde.

Director vinculado a la televisión –suyos son algunos de los capítulos de la aclamada miniserie británica *Retorno a Brideshead* (1981)–, a documentales musicales –*Neil Young in Berlin* (1983), *Celebration: The Music of Pete Townshend and The Who* (1994),...– y a vídeos para, entre otros, Rolling Stones, Roxy Music y Paul McCartney & Wings, su incursión en la ficción cinematográfica se limita a pocos títulos entre los que destacan su debut *Malas costumbres* (1977), comedia monjil con Glenda Jackson, y *Objeto de seducción* (1991), con John Malkovich.

Lindsay-Hogg tuvo la máxima libertad para rodar: «No les importaba lo que filmase porque como eran los productores podrán cortar cualquier cosa que no les gustase», dijo al biógrafo de Lennon Philip Norman. Además, tal como recoge Norman, fue suya la idea de filmar el concierto en la azotea del edificio Apple, después de que propuestas exóticas como Túnez o las pirámides de Egipto no resultaran: «Un día que estábamos todos comiendo cordero asado en la sala de juntas de Apple, les dije que por qué no hacían la actuación allí mismo, bajo su propio techo. Como estábamos en pleno invierno, tendría que ser de día y bien temprano».

El primer montaje del film se alargaba hasta las cuatro horas, pero fue reducido a poco menos de hora y media. Cincuenta años más tarde, el neozelandés Peter Jackson dispuso de todo el material filmado por Lindsay-Hogg –60 horas de imágenes y 150 de sonido– para montar la aclamada miniserie *Get Back* (2021), de tres episodios y ocho horas, que se extiende sobre los aspectos apuntados en la cinta original.

WOODSTOCK

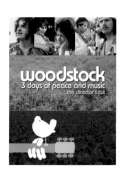

1970. Estados Unidos. **Prod.:** Wadleigh–Maurice Ltd. Bob Maurice. **Dir.:** Michael Wadleigh. **Fot.:** Al Wertheimer, Don Lenzer, Richard Pearce, David Meyers y Michael Wadleigh, en color. **Mont.:** Thelma Schoonmaker. **Canciones (extradiegéticas) e intérpretes:** *Long Time Gone* y *Wooden Ships*, Crosby, Stills, Nash & Young; y *Goin' Up the Country*, Canned Heat. **Actuaciones:** *Handsome Johnny* y *Freedom*, Richie Havens; *A Change Is Gonna Come*, Canned Heat (montaje del director 1994); *Joe Hill* y *Swing Low Sweet Chariot*, Joan Baez; *We're Not Gonna Take It/See Me, Feel Me* y *Summertime Blues*, The Who; *At the Hop*, Sha-Na-Na; *With A Little Help From My Friends*, Joe Cocker; *Rock & SoulMusic*, Country Joe and the Fish; *Coming Into Los Angeles*, Arlo Guthrie; *Suite Judy Blue Eyes*, Crosby, Stills & Nash; *I'm Going Home*, Ten Years After; *Won't You Try/Saturday Afternoon* y *Uncles Sam's Blues*, Jefferson Airplane (montaje del director 1994); *Younger Generation*, John Sebastian; *The Fish Cheer* y *Feel Like I'm Fixin' To Die Rag*, Country Joe McDonald; *Soul Sacrifice*, Santana; *Dance to The Music* y *Higher*, Sly & The Family Stone; *Work Me Lord*, Janis Joplin (montaje del director 1994); *Purple Haze* y *The Star Spangled Banner*, Jimi Hendrix. **Dur.:** 184 minutos // 215 minutos (montaje del director 1994).

Uno de los conciertos emblemáticos de Woodstock, el de Joe Cocker.

El éxito de asistencia provocó que acabara siendo gratuito.

Filmación de los tres días del Festival de Woodstock, el fin de semana del 15, 16 y 17 de agosto de 1969, en plena guerra de Vietnam y apenas siete después del asesinato de Sharon Tate. Se trataba del segundo gran festival de rock, que acabó superando al primero, el de Monterrey, celebrado del 26 al 28 de junio de 1967 y que consiguió reunir, ante casi 100.000 espectadores, a grupos como Simon & Garfunkel, Canned Heat, Country Joe & The Fish, Steve Miller Band, The Byrds, Jefferson Airplane, The Who, Grateful Dead, Jimi Hendrix Experience y The Mamas & The Papas, entre otros.

Woodstock, celebrado en los vastos terrenos del granjero Max Yasgur en la localidad neoyorquina de Bethel, juntó a medio millón de asistentes. La entrada costaba siete dólares pero, tras la imposibilidad de mantener el control en las vallas acabó siendo gratuito, lo que les causó pérdidas a los organizadores, los jóvenes emprendedores Michael Lang y Artie Kornfeld. Este último aparece en el film asegurando que lo importante no es el dinero, sino la experiencia de paz y libertad que se vivía en Woodstock, anunciado en su cartel con la frase «tres días de paz y música».

Pese a haber quedado como un hito en la historia de los festivales de rock, Woodstock podría haber llegado a cotas aún mayores si hubiesen participado algunos de los cantantes o grupos que, por uno u otro motivo, declinaron la oferta: Bob Dylan, Led Zeppelin, Eric Clapton, Rolling Stones, The Doors, Frank Zappa and The Mothers of Invention o, incluso, The Beatles, entre otros.

La película no incluye a todos los artistas –únicamente 14 de 32 actuaciones–, ni siquiera mantiene el orden en que aparecieron. En este sentido, solo respeta la primera actuación, de Richie Havens, el viernes a las 17 h, y la última, de Jimi Hendrix, el lunes a las 9h. Entre los artistas no incluidos se encuentran Grateful Dead, Creedence Clearwater Revival –por deseo expreso de la banda– o Ravi Shankar, además de Janis Joplin, Jefferson Airplane y Canned Heat, cuya presencia en el festival fue recuperada en el *Director's Cut* de 1994, que añadió media hora al metraje original. Tal como afirma Bitoun, «la decisión de no incluir a ciertos grupos [en la película] significa una gigantesca oportunidad perdida para artistas en desarrollo como Johnny Winter o Mountain» en contraste con formaciones también incipientes como Ten Years After, Sha-Na-Na o Santana, que «de la noche a la mañana reciben ofertas para actuar en salas con las que ni soñaban en ese momento». A finales de esa década, por ejemplo, Sha-Na-Na intervendrían en la exitosa *Grease* como la banda del baile del instituto, mientras que Mountain había desaparecido (aunque volvería más tarde en más de una ocasión). Por su parte, Santana, que en 1969 no tenían ni un disco publicado, entraron en el cartel de Woodstock por una argucia de su representante, el viejo zorro Bill Graham, que condicionó la presencia de sus otros representados Grateful Dead a que estuviera el grupo del guitarrista mexicano epónimo.

En el film tienen tanta importancia el público y sus actitudes como las actuaciones musicales.

MOMENTOS DESTACADOS

La intención de los responsables del film era hacer un retrato social de una experiencia única y, además de los conciertos, se incluyen entrevistas a lugareños —algunos críticos, pero la mayoría, receptivos—, e imágenes de la convivencia de los asistentes al festival. Aún así, la película se sigue recordando por sus antológicas escenas musicales. Ya en el número de apertura, Richie Havens, que actuó antes de tiempo porque el grupo previsto para inaugurar, Sweetwater, estaba todavía de camino debido a las retenciones, ofrece un momento magnético con su tema improvisado *Freedom*, a partir del tradicional *Motherless Child*, que la cámara recoge pegado a él, en primerísimo primer plano, y a su mano, que pulsa frenéticamente la guitarra acústica. También sentida es la participación de Joan Baez, más desnuda emocionalmente si cabe, ya que después de mencionar a su, por entonces, marido encarcelado, el activista David Harris, interpreta, primero y con solo guitarra, la canción dedicada al músico y sindicalista suecoamericano Joe Hill y, luego y a capella, *Swing Low, Sweet Chariot*.

El folk va a dar paso al rock puro con The Who, que concluirá, como era habitual con Pete Townshend aporreando la guitarra contra el suelo, y, en esta ocasión, lanzando el «cadáver» al público. Sin embargo, la película ha ocultado uno de los momentos más tensos de la actuación del grupo británico que, además, llevaba horas de retraso, durante el cual el guitarrista, según reconoce en sus memorias, había consumido alcohol y heroína: la interrupción de la misma por parte del activista Abbie Hoffman para hacer un discurso político y la reacción agresiva de Townshend. Hoffman no pudo continuar.

El festival de Woodstock duró tres días y tuvo lugar apenas una semana después de la muerte de Sharon Tate. En la película se destaca la armonía entre los asistentes, pese a que hubo tres fallecidos.

Más adelante, uno de los momentos más icónicos del festival, Joe Cocker, que había debutado pocos meses antes con un álbum de versiones, interpreta *With a Little Help from My Friends*, de The Beatles. Durante la película, los montadores, tanto en las actuaciones como en los fragmentos de reportaje, alternan pantalla única con pantalla partida (incluso en tres zonas, como con The Who). Con Cocker, se va hacer de ello un uso extraordinario,

preciso: se cambia de una a dos, según si canta solo o aparece un coro de voces en falsete, que contrasta con la voz rota de Cocker. Este –figura enorme, cabello desordenado y húmedo al viento– está en trance y se mueve espasmódicamente, lo que se amplifica duplicando su imagen en pantalla partida hasta el final.

Tras el concierto de Cocker, que se celebró el domingo a las 14h, se produjo un temporal que la película recoge también en pantalla partida. Las imágenes muestran la fiesta de barro posterior improvisada en la que los asistentes corren, saltan y resbalan; uno de los montajes más destacados de la parte social y no musical del film.

Jóvenes asistentes al festival.

Otro de los momentos recordados de Woodstock y de la película fue la participación de Sly & the Family Stone, cuyo fragmento, saturado progresivamente de luz azulada y con la pantalla en dos y tres partes, fue rodado por Martin Scorsese. En él, Sly Stone invita al público a cantar con ellos *Higher*. Otra de las aportaciones del director de *Toro salvaje* fue la incorporación en pantalla de la letra de *The Fish Cheer*, de Country Joe McDonald, uno de los instantes más explícitamente políticos de Woodstock –«What are we Fighting for? Next Stop is Viet Nam»// «¿Para qué luchamos? La próxima parada es Vietnam»– y una bolita que señalaba cuándo había que cantarla.

La película concluye con Jimi Hendrix, quien en el festival de Monterrey había sorprendido quemando su guitarra en el escenario. Había puesto el listón muy alto. ¿Qué haría en Woodstock? Pues una larga y tan sentida como psicodélica versión del himno americano, *Star Spangled Banner*.

Cabe destacar que en la versión de 1994, el fragmento añadido de Janis Joplin incorpora un montaje distinto al resto: a veces separa la imagen del sonido, como si le rindiera el homenaje póstumo que la película original no pudo hacerle ya que la cantante había muerto pocos meses después del estreno.

¿QUIÉN DIRIGE?

Michael Wadleigh (1939), director de fotografía del debut de Martin Scorsese como director –*Who's That Knocking At My Door?* (1967)– y compañero suyo en la Universidad de Nueva York. De hecho, el futuro director de *Taxi Driver*, participó como ayudante de dirección y montador. Hubo incluso algún malentendido por el que creyó, como le confesó a Sotinel, que era codirector: «Creí haber comprendido que yo era correalizador, pero era imposible porque cuando uno ve la película te das cuenta de que la

han hecho los operadores y Wadleigh era el primero entre elllos. (...) Cuando todo acabó en otoño, yo era montador con Thelma Schoonmaker. Wadleigh, ella y yo dirigíamos cada uno un equipo de tres montadores. Mostramos un montaje de nueve horas. (...) Me decepcionó mucho que no me dejaran continuar trabajando en el film. El productor Bob Maurice me dijo: "Marty, solo puede haber un director"».

Santana actuó en Woodstock antes siquiera de haber publicado un disco.

En cuanto al rodaje, probablemente, la experiencia, por contraste, le serviría posteriormente a Scorsese para planificar con exactitud *El último vals* (1978): «Apenas sabíamos a qué grupo le tocaba salir al escenario. Fue un concierto de tres días y tres noches. Habíamos imaginado que la música empezaría a las 8 de la noche y acabaría a las tres de la madrugada. Que todo el mundo se iría dormir y volvería. Pero no. Fue un desastre. La música empezó la tarde del viernes sin parar hasta el lunes por la mañana. Así que las cámaras se rompían y la gente se volvía loca», contaba a Kelly. La película acabó ganando el Oscar a mejor documental y obtuvo otras dos nominaciones: montaje (Schoonmaker) y sonido.

Las imágenes de Wadleigh y su equipo fueron utilizadas en 1994 por D.A. Pennebaker, Chris Hegedus y Erez Laufer en *Woodstock Diaries*, tres programas de una hora dedicados a cada día del festival. En ellos, se prescinde de la pantalla partida, se incluye un total de 26 actuaciones, se respeta el orden de aparición –aunque la cronología de los dos primeros días no coincide completamente con la relación que da Bitoun en su libro–, se añaden entrevistas a los promotores del concierto y ofrece temas relevantes excluidos en la de Wadleigh como *My Generation* (The Who), *Somebody To Love* (Jefferson Airplane), *Try Just a Little Harder* (Janis Joplin) o *The Weight* (The Band).

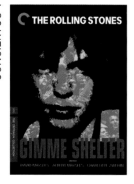

GIMME SHELTER

1970. Estados Unidos. **Prod.:** Maysles Films. Porter Bibb. **Dir.:** David Maysles, Albert Maysles y Charlotte Zwerin. **Fot.:** Albert Maysles y David Maysles. **Mont.:** Ellen Giffard, Joanne Burke, Robert Farren y Kent McKinney. **Canciones e intérpretes:** *Jumpin' Jack Flash, (I Can't Get No) Satisfaction, You Gotta Move, Wild Horses, Brown Sugar, Love in Vain, Honky Town Women, Street Fighting Man, Sympathy for the Devil, Under My Thumb* y *Gimme Shelter*, The Rolling Stones; *I've Been Loving You Too Long* y *Proud Mary*, Ike & Tina Turner; *Six Days On the Road*, The Flying Burrito Brothers; y *The Other Side of This Life*, Jefferson Airplane. **Dur.:** 89 minutos. Con The Rolling Stones (Mick Jagger, Keith Richards, Charlie Watts, Bill Wyman y Mick Taylor).

¿QUÉ?

Crónica del concierto complementario de los Rolling Stones tras su gira norteamericana de 1969; la tragedia de Altamont del 6 de diciembre de aquel año. Sin duda, uno de los mejores *rockumentaries*, si no el mejor, de la historia del cine. Es a la vez un documento periodístico excepcional (beneficiado por el don de la oportunidad), un concierto filmado, un retrato *in situ* del fin de una época y un juego narrativo fascinante que confronta a los cantantes con los hechos que han protagonizado. Todo ello en una estructura que se asemeja al de una canción: una primera parte expositiva sin orden cronológico que avanza temas y vuelve a otros como un estribillo (los problemas organizativos del concierto y la búsqueda de un lugar apropiado, la personalidad de los protagonistas, actuaciones del grupo en la gira precedente, los Stones desde el presente viendo imágenes de lo ya filmado...), una transición que cambia el planteamiento anterior (la previa del concierto con un estilo de cine directo sin alardes de montaje) y una tercera parte que recoge todo lo precedente (la actuación de los Stones y la tragedia final).

Mick Jagger en plena actuación.

El concierto de Altamont fue, en realidad, un mini Woodstock, de un solo día, cuatro meses después de aquel macroconcierto. La banda británica venía de recibir críticas por los altos precios de sus espectáculos y por el supuesto agravio económico sufrido por los teloneros negros de la gira (B.B King y Ike & Tina Turner). La idea era hacer, en respuesta, un concierto multitudinario gratuito con más grupos precediéndolos y los Stones como plato fuerte. Las otras bandas previstas fueron Santana, Grateful Dead, Crosby, Still, Nash & Young, Flying Burrito Brothers y Jefferson Airplane. En el film solo se ven las actuaciones de estos dos últimos grupos. Irónicamente, los Grateful Dead, que habían propuesto la idea del concierto a los Rolling y por cuya iniciativa se encargó la seguridad del evento a la banda de moteros radicales Ángeles del Infierno, se escabulleron el mismo día del concierto al ver los altercados provocados por los Hell's Angels y no tocaron. Por contra, Marty Balin, vocalista de los Jefferson Airplane, fue agredido en plena actuación por uno de los Ángeles.

A la banda de Jagger y Richards no les había parecido mal la idea de contar con los célebres motoristas ya que la rama británica de Los Ángeles del Infierno ya se había encargado de la seguridad del concierto realizado en Hyde Park tras la muerte de Brian Jones en julio de ese año. Sin embargo, no habían tenido en cuenta que, aunque pertenecieran a la misma organización, los moteros británicos eran corderos en comparación con sus compadres americanos. Además, los encargados de seguridad solían ser, más bien, aspirantes a entrar en la organización, por lo que estaban ansiosos de mostrar sus aptitudes, caso de Al Passaro, el autor, durante la actuación de los Stones de *Under My Thumb*, de la puñalada mortal

Alberts Maysles, Mick Jagger, David Maysles y Charlie Watts.

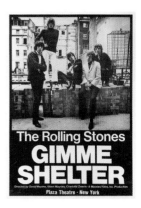

153

a un joven negro de 18 años, Meredith Hunter, que había asistido con su novia blanca y que blandía una pistola en un enfrentamiento provocado por un miembro de los Ángeles.

Baird Bryant, uno de los 23 cámaras del equipo de filmación y director del documental *Celebration at Big Sur* (1971), grabó el momento fatal y el film fue utilizado en el juicio a Passaro como prueba de la acusación, aunque no impidió que el jurado popular lo absolviera tras estimar que actuó en defensa propia. (En Altamont hubo tres muertos más: dos por atropellamiento de los Hell's Angels y uno por ahogamiento en un canal.)

Célebre imagen del film.

La película muestra, por otra parte, los problemas organizativos de un evento que reunió a 300.000 asistentes. Hubo dos cambios de sede. Estaba previsto que se hiciera originalmente en el Golden Gate Park de San Francisco, pero no estaba disponible y se cambió al circuito de carreras Sears Point. No obstante, a menos de dos días del concierto, hubo que cancelar por nuevas exigencias de la empresa propietaria y, a través del popular abogado Mel Belli, que aparece en el film, se consiguió el circuito de Altamont, a 130 kilómetros de San Francisco, como emplazamiento final. Hubo que desmontar el escenario de Sears Point y trasladarlo a Altamont. Uno de los principales problemas que suponía la nueva localización era la escasa distancia de altura que permitía con el público, ansioso por subir al escenario y tocar a sus ídolos.

MOMENTOS DESTACADOS

El gran rasgo distintivo del film no radica en las actuaciones de los Stones —en el Madison Square Garden de Nueva York y en Altamont—, sino en la idea de que los miembros de la banda vieran fragmentos de la película. Así, las imágenes muestran, al principio, a Jagger sonriendo aliviado con

la actuación en el Madison Square Garden, un aperitivo engañoso de lo que está por venir. En otro instante, el baterista Charlie Watts, consciente de lo que le espera, mira serio y tenso a la cámara que le está observando en la sala de montaje.

Al final del documental, cuando ya se ha mostrado lo sucedido en Altamont, un disgustado Jagger se levanta y, en su salida, mira a la cámara circunspecto. Ahí la imagen se congela, decisión que disgustó a Jagger, que creía que, de esa manera, se le estaba culpabilizando de lo que había ocurrido. Sin embargo, y aunque, tras el altercado que acabó con la vida de Meredith Hunter, la actuación continuó –los Stones no supieron de la muerte del joven hasta acabado del concierto–, el último acto del film muestra los intentos del solista de apaciguar a la concurrencia desde el escenario y llamarles a la tranquilidad después de varias interrupciones.

Los hermanos Maysles junto a un cariacontecido Mick Jagger en la jornada del visionado del material filmado.

Por otra parte, en los momentos precedentes al concierto, el fragmento del film más propio del cine directo promovido por los hermanos Maysles, se muestra el espíritu que embarga a los asistentes, extasiados algunos por las drogas –jóvenes alucinados o desnudos y desorientados–, otros por el amor –a destacar la pareja que yace besándose apasionadamente, pero sin soltar la correa del perro que tienen a su lado. En contraste, los realizadores también registran la actitud violenta y agresiva de los moteros encargados de la seguridad, especialmente cuando se revuelven contra los Jefferson Airplane, que les reprochan la agresión a Balin.

¿QUIEN DIRIGE?

Los hermanos David (1931-1987) y Albert Maysles (1926-2015), pioneros, junto a Pennebaker, del *direct cinema* americano, un cine documental basado en la captación de la realidad sin apenas intermediación de los directores. Nominados al Oscar por el corto *Christo's Valley Curtain* (1973), su prestigio se ha cimentado sobre títulos como *Salesman* (1968), acerca de cuatro vendedores de Biblias, *Gimme Shelter* y *Grey Gardens* (1975), la relación conflictiva de una madre y su hija recluidas en una mansión.

Su primer largometraje fue *What's Happening! The Beatles in the USA* (1964), sobre la llegada de los cuatro de Liverpool a los Estados Unidos. En el comentario del DVD de *Gimme Shelter*, Albert Maysles hacía un resumen de la época comparando las dos cintas: «si ves los dos films, tienes el principio y el final [de un idealismo] (...) En la de los Beatles se captaba la inocencia de la juventud; aquí se captaba lo que iba a ser la desilusión». El propio Albert, que en la fecha de los acontecimientos tenía 40 años, veinte más que los asistentes al concierto, le comentaba su estilo en el libro de Liz Stubbs de entrevistas a documentalistas y lo comparaba con el film *Woodstock*: «En *Gimme Shelter* estábamos decididos, como siempre, a dejar fluir la realidad, lo que contrasta con la manera en que se realizó *Woodstock*, en el que había muchas entrevistas. Nosotros no hacemos entrevistas. Cuando haces una entrevista, la respuesta es tu pregunta, así que todo está preparado en cada momento y te alejas de lo que creo que debe ser el documental. (...) Cuando se hizo *Woodstock* los realizadores pensaron "Oh, todo va de maravilla. ¿No es maravillosa la *flower generation*?", y acababas con una película que no era como realmente fueron las cosas. Había semillas de Altamont en *Woodstock*. (...) Incluso hoy hay gente sufriendo los efectos de las drogas nocivas. Y esa película, *Woodstock*, no daba ninguna indicación de que nada malo estaba pasando y entre uno y otro concierto solo había seis meses de separación».

Por su parte, la tercera codirectora, Charlotte Zwerin (1931–2004), que había trabajado como montadora en *Salesman*, fue contactada por los hermanos Maysles después de los hechos de Altamont como supervisora de montaje y de la estructura del film. De hecho, fue suya la idea de mostrar el material a los Stones, que querían ver alguna de las escenas filmadas, lo que fue decisivo para la estructura del film y para su posterior trascendencia.

Gimme Shelter es uno de los mejores rockumentaries de la historia, sino el mejor.

EL ÚLTIMO VALS
(*The Last Waltz*)

1978. Estados Unidos. **Prod.:** Last Waltz Productions. Robbie Robertson. **Dir.:** Martin Scorsese. **Guion:** Mardik Martin (tratamiento). **Fot.:** Michael Chapman, en color. **Mont.:** Yeu–Bun Yee y Jan Roblee. **Canciones e intérpretes (todos, con The Band):** *Don't Do It, Theme from Last Waltz, Up On Cripple Creek, Shape I'm In, It Makes No Difference, Stage Fright, The Weight, Old Time Religion, The Night They Drove Old Dixie Down, Genetic Method/Chest Fever y Ophelia,* The Band; *Who Do You Love,* Ronnie Hawkins; *Such a Night,* Dr. John; *Helpless,* Neil Young; *Dry Your Eyes,* Neil Diamond; *Coyote,* Joni Mitchell; *Mistery Train,* Paul Butterfield; *Mannish Boy,* Muddy Waters; *Further On Up the Road,* Eric Clapton; *Evangeline,* Emmylou Harris; *Caravan,* Van Morrison; *Forever Young y Baby Let Me Follow You Down,* Bob Dylan; y *I shall Be Released* (Todos, además de Ronnie Wood y Ringo Starr). **Dur.:** 115 minutos. **Con** Robbie Robertson, Rick Danko, Richard Manuel, Levon Helm y Garth Hudson (The Band), Eric Clapton, Neil Diamond, Bob Dylan, Joni Mitchell, Neil Young, Emmylou Harris, Paul Butterfield, Dr. John, Van Morrison, Ronnie Hawkins, The Staples, Muddy Waters, Ronnie Wood, Ringo Starr.

The Band: Rick Danko, Levon Helm, Richard Manuel, Garth Hudson y Robbie Robertson.

Robbie Robertson disfruta de la actuación de Down South in New Orleans *entre Dr. John (con gafas) y el cantautor Bobby Charles. Sin embargo, ni Charles ni este número, que sí se filmó, aparecen en el documental.*

Bob Dylan y Robbie Robertson en una de las pocas actuaciones que el primero dejó filmar.

Levon Helm en la batería, Robbie Robertson en la guitarra, Rick Danko en el bajo y Richard Manuel en el piano.

¿QUÉ?

El 25 de noviembre de 1976, día de Acción de Gracias, el grupo The Band se despedía tras dieciséis años de carrera con un gran concierto, llamado *The Last Waltz*, en la sala de baile Winterland, de San Francisco, en la que había debutado como banda en solitario en 1969.

La formación había iniciado su andadura como The Hawks, la banda que acompañaba al rockero Ronnie Hawkins, de quien se separaron en 1964. Después de varios cambios de nombre, al año siguiente se constituyeron en la banda de la gira eléctrica *Don't Look Back*, de Bob Dylan, y en 1968 publicaron su primer disco en solitario *Music from Big Pink*, que incluía su celebérrimo *The Weigh*, utilizado ese año en la banda sonora de *Buscando mi destino*.

El concierto está considerado como un cierre de etapa del rock en plena revolución del punk. Así, tanto Hawkins como Dylan aparecieron como artistas invitados, además de una quincena más. «Quería que la gente en la película representara de dónde venía la música que nosotros tocábamos: la música de Nueva Orleans, el blues inglés y el de Chicago, el góspel, la música country, el Tin Pan Alley....», dijo Robertson a Kelly. De ahí, el blues de Muddy Waters, el soul de Van Morrison, el folk de Emmylou Harris, el Tin Pan Alley de Neil Diamond... Así, tal como afirma en la cinta el propio Robertson, «*The Last Waltz* más que un concierto, es una celebración».

Además, literalmente. La velada incluyó una cena de Acción de gracias con pavo y salmón, amenizada con música de la Berkeley Promenade Orchestra, para los 5000 asistentes que pagaron 25 dólares por entrada. El concierto posterior, iniciado a las nueve, duró cinco horas en las que se tocaron 37 canciones, de las que el film solo recoge una veintena. Para reforzar el ambiente valsístico, el veterano director artístico Boris Leven, ganador de un Oscar por *West Side Story* y que acababa de trabajar con Scorsese en *New York, New York*, añadió al escenario parte del decorado de una producción reciente de *La Traviata* en la Ópera de San Francisco. Además, se rodaron en los estudios de la MGM tres actuaciones más que no fueron captadas en el concierto: *Evangeline*, de Emmylou Harris, el góspel de The Staples versionando *The Weight* y el tema instrumental de *The Last Waltz*, con Robertson tocando una guitarra y Levon Helm, una mandolina. Esta pieza sirve de fondo, con un traveling en retroceso, a los créditos finales. Por otra parte, es conocido que Bob Dylan solo permitió a Scorsese filmar dos canciones, *Forever Young* y *Baby Let Me Follow You Down*, de las cuatro o cinco que interpretó. Dylan no quería que su intervención en el film eclipsara la película que él mismo estaba preparando para dirigir, *Renaldo y Clara*, que, igual que *El último vals*, se estrenó en 1978.

La cinta incluía, además, declaraciones de la banda en su estudio Shangri-la, en Malibú, que servían de nexo entre actuaciones. Estas entrevistas se rodaron tiempo después del concierto, como evidencia la mención a la muerte de Elvis Presley, ocurrida en agosto de 1977. Coincidiendo con el estreno del film, en abril de 1978 se publicó un álbum triple, que incluía las canciones del concierto y las piezas exclusivas del film.

MOMENTOS DESTACADOS

Uno de los propósitos de Martin Scorsese, que había sido montador en *Woodstock*, fue concentrar la película en lo que sucedía en el escenario –la fuerza de las actuaciones, las relaciones entre los intérpretes– y dar la espalda al público, que había tenido un protagonismo importante en el documental de Wadleigh. Scorsese planificó los movimientos de cámara de cada actuación de The Band en un guion técnico de 200 páginas.

Joni Mitchell, Neil Young y Rick Danko, en el primer micrófono; Van Morrison, Bob Dylan y Robbie Robertson, en el segundo. Cantan I Shall Be Released.

«No podíamos mover mucho las cámaras porque Bill Graham [productor del concierto y nombre poderoso de la escena musical norteamericana de los sesenta y setenta] era una persona difícil y desagradable. Tuvimos que negociar las posiciones de cámara a través de sus abogados. (...) No podíamos moverlas si eso entorpecía la vista al público. Y puesto que no podíamos movernos mucho, Marty hizo una coreografía de los movimientos de cada cámara casi siguiendo la letra de cada canción. (...) Era como una partitura. El guion indicaba lo que tenía que hacer cada cámara en cada verso. Teníamos incluso gente que pasaba las páginas, como con los pianistas», contó a Schaefer y Salvato Michael Chapman, director de fotografía de la película, que lideraba un equipo de siete cámaras, operadas por profesionales destacados como Laszlo Kovacs (*Busando su destino, Pasaporte a la locura*) o Vilmos Zsigmond, que en 1978 recibiría un Oscar por *Encuentros en la tercera fase*.

Chapman también cuenta que tenían luces de colores «para cada canción y a veces cambiábamos de un color a otro en medio de una». A este respecto, Scorsese explicaba a Kelly una discusión con Chapman sobre los colores para *The Weight*: «Se enfadó porque yo quería utilizar violeta y amarillo. Me dijo que esos dos eran colores católicos y no me iba a dejar utilizarlos porque esa era una canción protestante».

El último vals es un film-concierto vibrante, repleto de actuaciones memorables y desprovisto de alardes visuales en favor de una planificación que tiende a reunir en una misma imagen a los miembros de The Band con los artistas invitados a los que se les hace partícipes del grupo. Por contra, en las canciones que solo toca The Band, el director tiende a individualizar las aportaciones de los integrantes, como se ve en *It Makes No Difference*, en la que el rostro del bajista Rick Danko, vocalista principal de la pieza, llega a ocultar el de Robertson, o en *Ophelia*, donde lleva la voz cantante el baterista Levon Helm; en la época de cambios de nombre la formación se llegó a llamar The Levon Helm Sextet y Levon Helm & The Hawks, aunque posteriormente Helm estuvo fuera de la banda durante un tiempo a raíz de la gira con Dylan. (En The Band, el único miembro que no cantaba era el teclista Garth Hudson; sí lo hacía, en cambio, el pianista Richard Manuel.)

Dos de los momentos más recordados de la cinta son las intervenciones de Eric Clapton y Bob Dylan. En la primera, Scorsese se centra en el duelo de guitarras entre Clapton y Robertson; y en la segunda, se palpa el respeto entre Robertson y Dylan, especialmente en la transición de la primera a la segunda pieza, más enérgica.

Diferente al resto es la actuación de Muddy Waters, recogida mayoritariamente en un único plano en el que la cámara va graduando lentamente el zoom desde el rostro del cantante hasta la imagen conjunta con los miembros de la banda que lo rodean, y viceversa. Parece que este cambio concreto de estilo tuvo su razón de ser en un imprevisto: Muddy Waters empezó su actuación de improviso cuando el equipo de Scorsese se tomaba un descanso y solo lo captó la de Laszlo Kovacs.

Por otra parte, la película estuvo a punto de revelar una indiscreción. En la actuación de un agradecido y apacible Neil Young se podía percibir un rastro de cocaína en su nariz. Tras las quejas del mánager del cantante, esto se disimuló en laboratorio.

¿QUIÉN DIRIGE?

Fue Jonathan Taplin, productor de *Malas calles*, quien puso en contacto a Martin Scorsese (1942) con Robbie Robertson, que quería hacer una película en 16 mm del último concierto de la banda. Scorsese acabó realizándola en 35 mm y sin cobrar, a cambio de un porcentaje en los beneficios. El cineasta se encontraba finalizando *New York, New York* (1977), con Robert De Niro y Liza Minnelli, que le estaba generando más de un dolor de cabeza y ocultó al productor de aquella, Irwin Winkler, que se había comprometido con el documental.

Fue la primera incursión como director de documentales musicales de este gigante del cine norteamericano, cuyo interés por el rock queda patente en su filmografía. Posteriormente realizaría documentales dedicados a figuras destacadas como Bob Dylan (*No Direction Home*, 2005), Rolling Stones (*Shine a Light*, 2008) o George Harrison (*Living in the Material World*, 2011), sin olvidar su faceta de productor ejecutivo de, entre otras, la serie de ficción *Vinyl* (2016), sobre la escena neoyorkina musical de los años setenta o la serie documental *Long Strange Trip* (2017), sobre los Grateful Dead. Por cierto, mientras se escriben estas líneas, ha aparecido la noticia de un futuro proyecto de Scorsese, un biopic de esta formación, con Jonah Hill como Jerry García.

Por otra parte, el director y Robbie Robertson entablaron amistad a raíz del film y el líder de The Band ha ejercido de asesor o productor musical del cineasta en films como *Casino* (1995), *Shutter Island* (2010) o *El lobo de Wall Street* (2013), así como compositor de la música de *El color del dinero* (1986) o *El irlandés* (2019).

Martin Scorsese y Robbie Robertson, el inicio de una larga amistad.

THE KIDS ARE ALRIGHT

1979. Reino Unido **Prod.:** The Who Films. Bill Cubirshley y Tony Klinger. **Dir.:** Jeff Stein. Guion: Jeff Stein. **Fot.:** Peter Nevard, Tony Richmond y Norman Warwick. **Mont.:** Ed Rothkowitz. **Canciones, interpretadas por The Who:** *My Generation, I Can't Explain, Baba O'Riley, Shout and Shimmy, Young Man Blues, Tommy, Can you Hear Me?, Pinball Wizard, See Me, Feel Me, Anywhere, Anyhow, Anywhere, Success Story, Substitute, Pictures of Lily, Magic Bus, Happy Jack, A Quick One, While He's Away, Cobwebs and Strange, Sparks, Barbara Ann, Road Runner, Who Are You, Won't Get Fooled Again, Long Live Rock* y *The Kids Are Alright.* **Dur.:** 109 minutos.

¿QUÉ?

Primera película de la productora de The Who, a la que seguirían *Quadrophenia* (1979), de Franc Roddam, y *McVicar* (1980), de Tom Clegg, thriller carcelario protagonizado por Roger Daltrey. Toma el título de la primera canción de la cara B del álbum de debut de la banda, *My Generation* (1965) que, paradójicamente, no suena en el film hasta los créditos finales y sin ninguna imagen de archivo que la acompañe.

The Who, en sus primeros años.

Considerado como uno de los mejores documentales musicales de la historia, *The Kids Are Alright*, compila actuaciones, entrevistas y vídeos promocionales de los primeros quince años de la banda, ordenado todo de una manera no cronológica. Esa era la intención de su director, joven fan americano de la banda británica: en un tiempo en que la conservación de imágenes no estaba tan garantizada como ahora, quería reunir todo el material posible del grupo y montar un film para que futuros admiradores de la banda conocieran los orígenes de la misma. «Teníamos que cubrir el mito original, su evolución, su significación cultural, las contribuciones musicales y sus múltiples personalidades en menos de dos horas. Y yo no quería elaborar un típico, lineal y cronólogico rockumental. Quería crear un electrizante viaje

en montaña rusa que se correspondiera con la leyenda de la banda. ¿La Historia por encima de la histeria? ¡Nunca!», escribe Stein en el folleto del DVD.

Para convencer al grupo de la idea de realizar un documental les mostró un montaje (de su colaborador Ed Rothkowitz) de 17 minutos de fragmentos televisivos americanos. El resultado entusiasmó a la banda.

La búsqueda de material duró unos cuatro años, pero como era de prever no había testimonio visual de todo lo que Stein precisaba. Así el film incluye también material rodado expresamente para la película, especialmente, una enérgica actuación, el 25 de mayo de 1978, de *Baba O'Riley* y *Won't Get Fooled Again* en los Shepperton Studios ante un público de 500 personas.

El director de The Kids Are Alright *quería dejar registrado para la posteridad la energía y el espectáculo de las actuaciones del grupo británico.*

MOMENTOS DESTACADOS

Estas dos interpretaciones están estratégicamente situadas al principio y fin de la cinta, pese a haberse grabado el mismo día. Son dos de los momentos más destacados que registran la energía y la idiosincrasia de un directo del grupo y que le dan un valor especial al documental. El hieratismo y los ágiles dedos de John Entwistle, la expresividad del baterista Keith Moon, la fuerza vocal de Roger Daltrey y el dominio escénico de Pete Townshend con sus movimientos, saltos y su célebre molino de viento, la manera de tocar la guitarra con el brazo como aspa, transmiten el espectáculo que eran los conciertos de un grupo que disolvería su primera etapa cuatro años más tarde, en 1982. Sin embargo, aquel día de mayo la interpretación de *Won't Get Fooled Again* adoleció de falta de garra, inadecuada para lo que se suponía que era el número final de la cinta. Stein insistió a Townshend que la repitieran porque necesitaba «un final definitivo». Pese a la reticencia inicial del guitarrista y principal compositor, Stein consiguió lo que se proponía para acabar el film en alto.

La película es también es el resumen de la mejor época del grupo, lo que la realidad refrendaría de manera trágica poco después. Esa fue la última actuación de Keith Moon con la banda; el baterista, de 32 años, moriría meses más tarde, el 7 de septiembre, de sobredosis del medicamento prescrito contra el alcoholismo. Una semana antes de su muerte, el propio Moon había visto un primer montaje del film y, tras el deceso, se decidió no cambiar ni añadir nada. El documental también incluía la última vez que Moon estuvo en un estudio con The Who: el 9 de mayo, Stein dirigió un vídeo promocional del single *Who Are You*, del álbum homónimo, que aparecería en agosto, veinte días antes del óbito de Moon. La pieza acaba con un cariñoso abrazo entre Moon y Townshend.

La película también recoge la locura y anarquía de The Who a través de entrevistas, vídeos promocionales o, sobre todo, el número histórico con el que se abre *The Kids Are Alright*, la presentación del grupo en la televisión americana en el programa *The Smothers Brothers Comedy Hour*, el 15 de septiembre de 1967, en el que interpretaron *My Generation*. La actuación tenía que acabar con la destrucción de instrumentos: la guitarra de Pete Townshend, a golpes, y la batería de Keith Moon, con una explosión. Así se había ensayado, pero a Moon le pareció que la carga explosiva preparada no era suficientemente potente y, sin decírselo a nadie, sobornó a uno de los técnicos para que aumentara la carga. La explosión sorprendió a todos, produjo cortes al baterista y prendió el cabello de Townshend, que también vio afectado su oído. Además —aunque no hay imágenes—, la actriz Bette Davis se desmayó en brazos de Mickey Rooney; ambos, invitados del programa.

El documental es rico en curiosidades, alguna de ellas, inédita durante mucho tiempo, como la interpretación de *A Quick One* y *While He's Away* para el programa de 1968 de la BBC *The Rolling Stones Rock'n Roll*, un concierto del grupo de Mick Jagger junto a más artistas. Sin embargo, los Rolling se negaron finalmente a que fuera emitido. Las malas lenguas afirman que fue debido a que la actuación de The Who ensombrecia a la de los Rolling. El concierto en su totalidad no se llegó a comercializar hasta mediados de los noventa. Así que durante quince años la única prueba audiovisual pública de aquel espectáculo fueron los fragmentos de The Who incluidos en *The Kids Are Alright*. Sin embargo, estaban excluidos de la edición europea del VHS.

¿QUIÉN LA DIRIGE?

Al igual que Julian Temple con los Sex Pistols (*La mugre y la furia*), Jeff Stein era un admirador del grupo al que iba a inmortalizar en un documental. Era un veinteañero sin ninguna experiencia como director. Su trabajo en *The Kids Are Alright*, sobre todo la filmación de actuaciones, le sirvió como máster para su futura carrera como director de videoclips para cantantes o grupos como Billy Idol (*Rebel Yell*), Tom Petty and the Heartbreakers (*So You Want to Be a Rock'n' Roll Star* o *Don't Come Here Around No More*, en el que recreaba el mundo de *Alicia en el país de las maravillas* en versión lisérgica), Jermaine Jackson (*Dynamite*), Debbie Harry (*French Kissin*) o Trevor Rabin (*Someting to Hold on To*, por el cual estuvo nominado al Grammy).

STOP MAKING SENSE
(*Stop Making Sense*)

1984. Estados Unidos. **Prod.:** Talking Heads Films y Arnold Stiefel Company. Gary Goetzman. **Dir.:** Jonathan Demme. **Guion:** Jonathan Demme y Talking Heads. **Fot.:** Jordan Cronenweth. **Mont.:** Lisa Day. **Canciones:** *Psycho Killer, Heaven, Thank You For Sending Me an Angel, Found a Job, Slippery People, (Cities), Burnin' Down the House, Life During Wartime, Making Flippy Floppy, Swamp, What a Day That Was, Naive Melody, Once in a Lifetime, (Big Business/1 Zimbra), Genius of Love, Girlfriend is Better, Take Me to the River, Cross–Eyed and Painless.* **Dur.:** 87 minutos / 99 minutos.

¿QUÉ?

Concierto de la gira de promoción del disco *Speaking in Tongues*, quinto álbum de Talking Heads, aparecido en junio de 1983, si bien el repertorio solo incluye seis nuevas canciones (*Burnin' Down the House, Making Flippy Floppy, Slippery People, Swamp, Naive Melody y Girlfriend Is Better*). Las otras pertenecen a sus álbumes anteriores: *Talking Head: 77*

Exceptuando una canción, David Byrne está omnipresente en el film.

165

(1977: *Psycho Killer*), *More Songs About Buildings and Food* (1978: *Thank You For Sending Me an Angel* y *Found a Job*), *Fear of Music* (1979: *Cities, I Zimbra, Heaven* y *Life during Wartime*) y *Remain In Light* (1980: *Take Me to the River* y *Cross–Eyed and Painless*), además de dos piezas para el proyecto individual de David Byrne *The Catherine Wheel* (1981: *Big Business* y *What a Day that Was*) y de *Genius of Love*, del disco debut (1981) del grupo Tom Tom Club, formado por otros dos miembros de Talking Heads, el matrimonio Chris Frantz–Lina Weymouth; *Genius of Love* es la única canción en la que Byrne se ausenta del escenario.

El documental se rodó, en realidad, durante los tres últimos conciertos (de cuatro) que la banda dio en el Pantages Theater de Hollywood entre el 13 y el 16 de diciembre de ese año. Así se evitaba el exceso de cámaras sobre el escenario en una misma actuación. Aunque los movimientos y rutinas de los miembros de la banda estaban muy aprendidas, ya que la gira estaba muy rodada, el ensamblaje de imágenes de distintos días evidencia errores de continuidad como sucede durante en la canción *Burnin' Down the House* con el cuello de la camisa de Byrne, que en planos frontales generales aparece abierto y en planos medios lo hace cerrado; al final de la interpretación, vemos al cantante, agobiado, desabrochárselo.

Existen dos versiones de la película. Se estrenó en salas en 1984 con 16 canciones y una duración de 87 minutos. Sin embargo, en su edición videográfica el metraje se ampliaba hasta los 99 con la inclusión de tres piezas más (*Cities, Big Business, I Zimbra*; las dos últimas, sin pausa). En el posterior DVD se recuperó la versión original y las canciones añadidas fueron relegadas a los extras.

MOMENTOS DESTACADOS

Con *Stop Making Sense*, que obtuvo el premio al mejor documental del año por la Sociedad Nacional de Críticos de Estados Unidos, Jonathan Demme consigue una cumbre de los

conciertos filmados y depura el camino que había transitado Scorsese con *El último vals*. Igual que en el concierto de despedida de The Band, en *Stop Making Sense* lo único que importa es lo que sucede en el escenario y el público no aparece de forma directa hasta la última actuación. Además, el futuro director de *El silencio de los corderos* prescinde de intercalar durante el concierto entrevistas con los músicos. (Sí existe, independientemente del film, un breve clip cómico promocional *Byrne interviews Byrne*, en el que el líder del grupo da rienda suelta a su vena más cómica y se entrevista a sí mismo disfrazado de diversos perfiles de entrevistador.)

Byrne demuestra un dominio del escenario a través de movimientos corporales.

A ello se suma el concepto mismo del concierto, ideado por Byrne con un decidido sentido escenográfico: ser testigos, durante la celebración del espectáculo, de su proceso de creación, de su paulatino desarrollo, desde la nada hasta el todo.

Así, en el principio era el espacio. Un escenario vacío, descuidado, paredes desnudas, desacomplejadamente descubierto. Lo primero que enseña la cámara de Demme –y ahí irrumpe el cine con la generación de misterio a través del fuera de campo– es la sombra de una guitarra en un suelo duro y los pasos del único ser que puebla ese espacio primitivo. Con un movimiento vertical descubrimos a Byrne que inicia la actuación junto a un reproductor de cassette. Un comienzo sensacional que, en realidad es solo un entremés: Byrne canta *Psycho Killer* y demuestra un dominio del escenario a través de movimientos corporales, sincronías con el sonido del radiocassette y desplazamientos por el espacio guitarra al cuello; solo una muestra de las carreras (y saltos) que desplegará. Contrasta esta actuación con la que un Byrne más controlado y estático ofrecía, con la misma canción, en *The Blank Generation* (1976), el documental experimental, de Ivan Král y Amos Poe, sobre los inicios de la escena punk neoyorquina.

A medida que avanza el concierto y se suceden las canciones, se van incorporando los demás miembros de la banda (la bajista Linda Weymouth, que toca *Heaven* con él; el batería Chris Frantz, en *Thank You for Sending Me an Angel*; y el teclista Jerry Harrison, en *Found A Job*), así como más percusionistas, teclistas y coristas. El escenario viste su muro trasero de negro y aparecerán proyecciones y juegos de luces y sombras, un diseño lumínico concebido por Byrne junto a Beverly Emmons. Como director de fotografía contaron con Jordan Cronenweth, quien poco antes se había encargado de *Blade Runner* (1982).

Otros momentos destacados de la cinta son la contagiosa como agotadora *Burnin' Down the House*, el número de *What a Day That Was* —máxima expresión en clave de terror del juego de luces y sombras— y la aparición de Byrne, tras su ausencia en la actuación de Tom Tom Club, en *Girlfriend is Better*, enfundado en un traje enorme que dobla su volumen.

Byrne y Demme, una larga colaboración.

¿QUIEN DIRIGE?

Jonathan Demme (1944–2017) no tenía ninguna experiencia en el documental o en el género musical hasta entonces. Había alcanzado su mayor éxito crítico y taquillero por su sexto largometraje, *Melvin y Howard* (1980), que había gustado mucho a Byrne, quien le propuso el proyecto. Desde *Stop Making Sense*, Demme ha frecuentado tanto el documental musical como la dirección de videoclips (*I Got You Babe*, de UB40 y Crissie Hynde, *The Perfect Kiss*, de New Order, *Solitude Standing*, de Suzanne Vega, *If I Should Fall Behind, Murder Incorporated* y *Streets of Philadelphia*, de Bruce Springsteen;...), la mayoría de los cuales eran, como *Stop Making Sense*, filmaciones de actuaciones, ya fueran en estudio o con público.

En cuanto a sus largometrajes documentales Demme ha insistido en la filmación de conciertos como uno de Robyn Hitchcock en *Storefront Hitchcock* (1998) o dos de Neil Young *Heart of Gold*, (2006) y *Trunk Show* (2009), a los que hay que añadir *Neil Young Journeys*, en la que el cantautor canadiense regresa a su ciudad natal para actuar. También firma el cortometraje *The Power of Rock* (2017), compilación de breves fragmentos de artistas que se puede ver en el Rock and Roll Hall of Fame de Cleveland.

El rock también estaba presente en su último film de ficción, *Ricky* (2015), en el que Meryl Streep era una rockera madura que vuelve a casa. Por otra parte, gracias a su *Filadelfia* (1993), Bruce Springsteen ganó el Oscar por *Streets of Philadelphia* y Neil Young obtuvo una nominación por la canción *Philadelphia*. En cuanto a David Byrne, Demme contó con él para que compusiera la banda sonora de la comedia *Casada con todos* (1988). Previamente, Byrne había debutado como director en *Historias verdaderas* (1986) y había ganado un Oscar por su participación en la música de *El último emperador* (1987), de Bernardo Bertolucci.

LA MUGRE Y LA FURIA
(*The Filth and The Fury*)

2000. Estados Unidos y Reino Unido. **Prod.:** Jersey Shore y Nitrate Film. Anita Camarata y Amanda Temple. **Dir.:** Julien Temple. **Fot.:** Geordie Devas. **Mont.:** Niven Howie. **Canciones interpretadas por Sex Pistols:** *God Save the Queen, Submission, Don't Give Me No Lip Child, What'cha Gonna Do About It, Road Runner, Substitute, Seventeen, Anarchy in the UK, Pretty Vacant, Did You No Wrong, Liar, EMI, No Feelings, I Wanna Be Me, Problems, Holidays In The Sun, Bodies* y *No Fun.* **Dur.:** 105 minutos. **Con** Johnny Rotten, Steve Jones, Paul Cook, Glen Matlock e imágenes de archivo de Sid Vicious.

¿QUÉ?

La historia de los Sex Pistols, emblema punk de corta existencia (1975–1978), pero de gran influencia, contada por los miembros de la banda, incluido el bajista Sid Vicious, que se había suicidado en 1979, pero al que Julien Temple había entrevistado y filmado el año anterior. La película se gestó tras el descubrimiento por parte de la representante de los Pistols —excepto Rotten— Anita Camarata, de unos paquetes con más de veinte horas de filmaciones y entrevistas antiguas del grupo, a las que se añadieron entrevistas del momento a los integrantes supervivientes, el vocalista Johnny Rotten (John Lydon), el guitarrista Steve Jones, el bajista Glen Matlock y el baterista Paul Cook.

El vocalista Johnny Rotten y el bajista Sid Vicious, con el brazo marcado por inyecciones de heroína.

¿QUIÉN LA DIRIGE?

Julien Temple, el cronista fílmico de los Sex Pistols desde los comienzos del grupo. «Los descubrí en Londres el verano de 1975 mientras ensayaban. (...) Oí una canción que venía de muy lejos; no podía dejar de sorprenderte. No solo por su energía, sino porque eran diferentes. Su música era anarquista, pero también su manera de vestir y comportarse. (...)

Se imponía filmarles porque el público [que iba a sus conciertos] era todavía más impresionante que el grupo; no era una configuración de rock'n'roll normal», confesó Temple a Sotinel.

Así, cuando después de la separación de los Sex Pistols y del suicidio de Vicious a los 21 años, quien había sido acusado de matar a su novia Nancy Spungen, a Malcolm McLaren, el polémico mánager del grupo, se le ocurrió la idea de hacer una película sobre la formación, recurrió al por entonces joven y maleable Temple.

El resultado fue la docuficción *Dios salve a la Reina* (1979), en la que el protagonista era McLaren, que se erigía como el gran artífice de la banda, reducida a poco más que una gran broma de réditos millonarios. La traducción literal del título original del film era *El gran timo del rock'n'roll*, del que surgió la canción homónima *The Great Swindle of Rock'n'roll*, interpretada en el film por el grupo con un nuevo vocalista, el actor y cantante Tenpole Tudor.

«Fui seducido por Malcolm, como todo el mundo en aquella época. (...). Me gustaba la idea de los Sex Pistols haciendo explosionar la industria musical», continuaba Temple. «Pero el lado humano de todo ello fue muy violento. Hubo vidas tiradas por la borda. La deslealtad fue intensa. Yo trabajaba con Malcolm, me despidió y me opuse. El grupo desaprobó la película, Malcolm quebró y la acabé solo. (...). Veinte años después, Malcolm seguía diciendo que los Pistols eran sus marionetas y que no sabían interpretar, cantar o hablar», concluía Temple, quien, en declaraciones recogidas por el propio Lydon en una de sus autobiografías, definía aquel film como «un interesante documental de contradicción; consistía en hacer que lo que el grupo había hecho pareciera mentira y que lo que no había hecho pareciera verdad». Por su parte, Lydon consideraba que *Dios salve a la reina* era «pura bazofia», a excepción de la primera escena, en la que se ficcionaba la quema de la efigie de Johnny Rotten en unos disturbios del siglo XVIII.

Dios salve a la reina, *el pecado original de Julian Temple.*

MOMENTOS DESTACADOS

La mugre y la furia, por lo tanto, era la posibilidad que tenía el propio Temple de redimirse por haber contribuido a la estrategia ególatra de McLaren y dio la voz a los Sex Pistols para que contaran su versión. Temple adapta a su estilo el formato tradicional de documental cronológico con inserción de entrevistas y ofrece en pantalla una sucesión de imágenes de archivo (conciertos, documentales, animación, películas,...) sobre las que se oye a los protagonistas. Además, en las escasas ocasiones que estos aparecen en pantalla, a excepción lógica de Sid Vicious, la cinta exhibe la particularidad de encuadrar a los Sex Pistols en penumbra, siluetas individuales, nunca juntas. De McLaren, solo se oye su voz. Y para su imagen, Temple, prefiere asociarlo a Laurence Olivier, en su representación fílmica del tullido personaje shakesperiano de *Ricardo III*, con quien el mánager del grupo se identificaba.

Johnny Rotten en acción.

El director no se limita al relato cronológico sino que pone énfasis en la contextualización del fenómeno punk y de los Sex Pistols, la grave situación económica y social de Gran Bretaña con el ascenso de radicalismos de extrema derecha, el aumento del paro y pésimas expectativas para la juventud. Así, *La mugre y la furia* da la dimensión social del grupo, el porqué de su repercusión. El respeto de Temple con el tema tratado se evidencia en el breve fragmento que dedica al asunto Sid Vicious–Nancy Spungen, preciso y sin sensacionalismos.

Por otra parte, años más tarde, Temple dirigirá *Crock of Gold* (2020), entrevista a Shane McGowan, líder de The Pogues, una de las muchas bandas surgidas de entre los fervientes seguidores de los Sex Pistols.

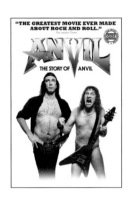

ANVIL: EL SUEÑO DE UNA BANDA DE ROCK
(*Anvil: The Story of Anvil*)

2009. Estados Unidos. **Prod.:** Metal on Metal Productions. Rebecca Yeldham. **Dir.:** Sacha Gervasi. **Fot.:** Christopher Soos. **Mont.:** Andrew Dickler y Jeff Renfroe. **Canciones e intérpretes:** Metal on Metal, March of the Crabs, Thumb Hang, 666, Mad Dog, School Love, Burning Bridges, Bombs Away, Ready To Fight, This is Thirteen, American Refugee, Flying Blind, White Rhino, Blood On The Ice, Don't Just Tease Me Please Me, Mothra, Heat Sink, Worry, Forged In Fire y Smokin' Green, Anvil; Pain Machine, Phantom X; Holy War, Iron Mask; y Back Into Life, iCoRy. **Dur.:** 82 minutos. **Con** Steve *Lips* Kudlow, Robb Reiner, Tiziana Arrigoni, Scott Ian, Lemmy, Lars Ulrich, Slash.

Anvil: el sueño de una banda de rock *es la historia de una amistad, la de Robb Reiner (izquierda) y Steve Kudlow.*

¿QUÉ?

Mirada al presente mundano de la histórica banda de metal canadiense Anvil, líderada por el vocalista Steve Kudlow y el batería Robb Reiner y que vivió su mejor momento al inicio de la formación. Sin embargo, treinta años más tarde, la banda permanece en el olvido, actuando en conciertos para un puñado de nostálgicos en bares y locales menores y publicando discos que pasan inadvertidos. El film recoge también la producción de su decimotercer álbum, *This is Thirteen*, para el que contactan con el productor de su primer y mejor trabajo. Kudlow y Reiner, amigos de infancia, son los únicos miembros originales que persisten. Kudlow trabaja en una empresa de catering –su diálogo de presentación parece una parodia de los diálogos de *Pulp Fiction* sobre comida de un *fast food*– y Reiner utiliza sus labores de obrero como terapia psicoactiva.

El film de Sacha Gervasi se ha visto como la inaudita plasmación real de lo que en *This is Spinal Tap* era una hilarante ficción, una cruel parodia. De hecho, el documental se inicia en 1984, año de estreno de la comedia, y empieza donde aquella concluía, en Japón, en la que

Spinal Tap acababa teniendo el éxito que se le resistía. Como nos informa Gervasi, en aquel año, grupos de metal como Whitesnake, Bon Jovi o Scorpions (además de Anvil) hicieron una exitosa gira conjunta (Super Rock'84) en el país asiático, éxito que no acompañaría a la carrera del grupo de Kudlow. Además, el nombre del batería de *Anvil* y el del director de la cinta de ficción coinciden, se pronuncian igual a efectos prácticos y solo se diferencian de una letra, la b doblada del nombre de pila del batería.

Anvil en acción. Kudlow en primera línea y Reiner, en la batería.

*La banda en los
últimos años: el bajista
Chris Robertson y
los contumaces Steve
Kudlow y Robb Reiner.*

Gervasi es consciente de las coincidencias y parece potenciarlas, así como el retrato excéntrico y torpe, incluso patético, de los protagonistas. No desaprovecha la ocasión para evidenciarlo, como cuando muestra el cuadro de Reiner, aficionado a la pintura, de un excremento hiperrealista en una taza de váter. Se repiten situaciones vistas en *This is Spinal Tap* como el encuentro con otros cantantes que los han olvidado o el desastre organizativo cuando la mánager es la pareja de uno de los miembros de la banda [Por cierto, en la frustrante gira europea recogida en la película, *Anvil* pasa por Valencia y el Festival de Rock de Lorca]. Cuando Anvil visita Stonehenge es difícil no recordar el gag en que Spinal Tap pone en escena un monolito enano en su número dedicado al monumento prehistórico y si Nigel Tufner tocaba la guitarra con un violín, Kudlow lo hace con un consolador.

MOMENTOS DESTACADOS

En el film no interesa tanto la música como los personajes. Apenas se oyen canciones enteras. El momento más emotivo es la actuación final cuando, en otro punto en común con Spinal Tap, cantan ante centenares de fans japoneses entregados a la causa. *Anvil* es, sobre todo, la historia de una amistad ente Kudlow y Reiner, inasequibles al desaliento, sobre todo Kudlow, motor incansable de la banda, impulsivo y excéntrico salvaguarda de las ilusiones adolescentes.

Es injusto reducir *Anvil*, cinta dolorosa sobre la amistad y el paso del tiempo, los vaivenes caprichosos del destino y los sueños incumplidos, a una desopilante e insólita imagen real de los ficticios Spinal Tap. Como dice Slash al final de la cinta: «Hay un montón de grupos que podrían vender millones de discos, pero ¿cuántos grupos se os ocurren que hayan seguido juntos 30 años? Hay un par. Rolling Stones, The Who. Y Anvil.». En realidad, son ya más de 40, ya que tras el film, Anvil volvió a tener acceso a recintos mayores y siguió publicando discos. El último: *Legal At Last* (2020)

¿QUIÉN LA DIRIGE?

Sacha Gervasi fue *roadie* –miembro del equipo técnico en las giras de una banda– de Anvil y el film acaba con una foto de él junto al líder de la banda en la gira canadiense de 1985. Pese a que este es su único documental y su único trabajo relacionado con la música rock, Gervasi ha mostrado en su carrera como director de ficciones su interés por figuras de la cultura popular. Su primer largometraje fue *Hitchcock* en la que Anthony Hopkins encarnaba al director de *Psicosis* y *Vértigo* y para televisión dirigió *Mi cena con Hervé*, sobre Hervé Villechaize, actor enano francés (encarnado por Peter Dinklage, popular por *Juego de tronos*), aparecido en la cinta Bond *El hombre de la pistola de oro* y que en España se hizo conocido como doble de Felipe González en un programa de Javier Gurruchaga.

SEARCHING FOR SUGAR MAN
(*Searching for Sugar Man*)

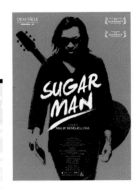

2012. Suecia y Reino Unido. **Prod.:** Red Box Films y Passion Pictures. Simon Chinn y Malik Bendjelloul. **Dir.:** Malik Bendjelloul. **Guion:** Malik Bendjelloul, basado en los artículos *Sugar and the Sugar Man*, de Stephen Sugar Segerman, y *Looking for Jesus*, de Craig Bartolomew Strydom. **Fot.:** Camilla Skagerström. **Mont.:** Malik Bendjelloul. **Mús.:** Malik Bendjelloul. **Canciones, interpretadas por Rodríguez:** *Sugar Man, Crucify Your Mind, Cause, I Wonder, Jane S. Piddy, This Is Not A Song, It's An Ourburst (The Establishment Blues), Can't Get Away, I Think of You, Inner City Blues, Sandrevan Lullaby –Lifestyles, Street Boy, A Most Disgusting Song, Forget It* y *I'll Slip Away*. **Dur.:** 86 minutos. **Con** Stephen Sugar Segerman, Dennis Coffey, Mike Theodore, Steve Rowland, Willem Möller, Clarence Avant, Craig Bartholomew Strydom, Sixto Rodriguez.

¿QUÉ?

La paradójica historia de Rodríguez, misterioso músico de folk-rock que a principios de la década de los setenta publicó dos discos, *Cold Fact* (1970) y *Coming From Reality* (1971), sin éxito en Estados Unidos, pero musical y socialmente influyentes en la Sudáfrica del apartheid. Oriundo de la depauperada ciudad industrial de Detroit y de origen latino, Sixto Rodríguez (1942) abandonó la carrera musical tras su fracaso comercial para dedicarse a la obra. Desconoció su éxito africano durante casi treinta años hasta finales de los noventa, cuando supo, a través de internet, del interés de admiradores de aquel continente por conocerle, en especial, Stephen Segerman, apodado *Sugar* por su canción *Sugar Man*, propietario de la tienda de discos Mabu Vynil y motor principal de la narración del documental; de hecho, fue Segerman el que le contó a Bendjelloul la historia a su llegada a Sudáfrica a finales de la década de los 2000.

Imagen promocional de los inicios de Sixto Rodríguez.

Comparado con Bob Dylan, Rodríguez abordaba en sus letras ásperas, pero poéticas, temas como el sexo, las drogas o la rebelión, que chocaban en una sociedad controlada como la sudafricana. La comunidad blanca antiapartheid tomó las canciones de Rodríguez como un emblema y jóvenes músicos como Willem Möller, que aparece en el film, fueron influidos por su música. Möller y su banda Big Sky tocaron con Rodríguez en los conciertos de 1998 que cerraron el círculo de esta sorprendente historia.

¿CÓMO?

Searching for Sugar Man construye la narración con estrategias de la ficción de manera sutil e inteligente para sus intereses. En realidad cuenta hechos que sucedieron quince años

Clarence Avant, el malo de la película, fue objeto de un documental producido por su hija, The Black Godfather *(2019), de Reginald Hudlin, en el que diversas personalidades de la música y el cine alababan su figura.*

antes y los transmite casi como una investigación cuando es evidente que el cineasta los conocía desde un principio. La selección y dosificación de la información causan el gran impacto emocional de un documental que se sirve de Rodríguez para hablar de los caprichos del destino, además de elaborar uno de esos milagros reconciliadores con la vida que parecen territorio exclusivo de Hollywood. De hecho, se inicia con la asunción de una mentira: el rumor de que Rodríguez se suicidó en medio del escenario tras un concierto en el que fue mal recibido por el público. La película refuerza ese halo de misterio trágico propio de un personaje maldito y solo se nos descubre que está vivo a mitad de metraje, revelación que produce un efecto liberador en el espectador. El film encuentra incluso su villano cuando apunta a Clarence Avant, el propietario de la discográfica Sussex que, según lo que indica la cinta, habría ocultado el éxito africano a Rodríguez, a quien tampoco le habría pagado los *royalties* correspondientes.

MOMENTOS DESTACADOS

La participación de un Avant beligerante es la gran aportación documental que hace el film, ya que las demás entrevistas (Segerman, los productores musicales de los discos de Rodrí-

guez –Dennis Coffey, Mike Theodore y Steve Rowland–, el periodista Craig Bartholomew, que hizo la primera investigación a mediados de los noventa, las hijas de Rodríguez,...) contribuyen a una ilustración plácida de lo ya sabido. Más interesado en el relato que en la creación de momentos musicales, el film incluye emotivas grabaciones del concierto del 6 de marzo de 1998 en un repleto Bellville Velodrome, de Ciudad del Cabo, con imágenes de un público exultante.

Por otra parte, el film no cuenta que a finales de los setenta y principios de los años ochenta la carrera del cantante se revitalizó parcialmente cuando fue descubierto en Australia, lo

El reconocimiento mundial que generó Searching for Sugar Man *proporcionó a Sixto Rodríguez nuevos conciertos y giras.*

que le proporcionó entonces una gira en aquel país y la grabación de un disco en directo (*Alive*, 1981), o que películas como la australiana *Candy* (2005), de Neil Armfield y con Heath Ledger, o la francesa *Pequeñas mentiras sin importancia* (2010), de Guillaume Canet, incluían en sus bandas sonoras las canciones *Sugar Man* y *Crucify Your Mind*, respectivamente. De esa manera, el espectador tiene la sensación de descubrir, al mismo tiempo que en la película, un tesoro musical que se le había hurtado durante tres décadas. *Searching for Sugarman*, éxito de repercusión mundial, volvió a revitalizar la carrera de Rodríguez con la realización de conciertos como el del Poble Espanyol, de Barcelona, en julio de 2013.

¿QUIÉN LA DIRIGIÓ?

Malik Bendejelloul y Sixto Rodríguez reciben uno de los dos premios que obtuvo el film en el festival de Sundance. A su lado, el actor Edward James Olmos.

El sueco Malik Bendjelloul (1977–2014), que había dirigido previamente documentales televisivos sobre Madonna, Kraftwerk o Prince, debutó estruendosamente con *Searching for Sugarman*, que le reportó, entre otros galardones, el Oscar y el BAFTA. Pese al éxito, Bendjelloul se suicidó en mayo del 2014 a los 36 años en medio de una depresión. Dos días después del fallecimiento, Rodríguez le dedicó un concierto homenaje en Detroit.

THE VELVET UNDERGROUND

2021. Estados Unidos. **Prod.:** Motto Pictures y Killer Films. David Blackman, Christopher Clements, Christine Vachon, Carolyn Hepburn, Julie Goldman y Todd Haynes. **Dir.:** Todd Haynes. **Fot.:** Edward Lachman. **Mont.:** Affonso Gonçalves y Adam Kurnitz. **Supervisor musical:** Randall Poster. **Canciones e intérpretes:** *Heroin, Venus in Furs, The Black Angel's Death Song, I'm Waiting for the Man, All Tomorrow's Parties, Melody Laughter, There She Goes Again, Walk Alone, I Heard Her Call My Name, White Light/White Heat, Sister Ray, Foggy Motion, Pale Blue Eyes, After Hours, Candy Says, Sweet Jane, Rock and Roll y Ocean*, The Velvet Underground; *European Son to Delmore Schwarz, I'll Be Your Mirror, Run Run Run, Femme Fatale, The Nothing Song y Sunday Morning*, The Velvet Underground and Nico; *Wrap Troubles in Dreams*, Lou Reed y John Cale; *The Ostrich*, The Primitives; *Pages mystiques*, John Cale; *I'm not Sayin'* y *Chelsea Girls*, Nico; *Love Is Strange* y *Hey! Bo Diddley*, David Mansfield y Stewart Lemon; *The Wind*, The Diablos; *Leave Her For Me, Merry Go Round* y *Your Love*, The Jades; *Composition 1960 #7, The Melodic Version of the Second Dream of the High–Tension Line Stepdown Transformer from the Four Dreams of China* y *17 XIII 63 NYC The Fire Is a Mirror*, The Theatre of Eternal Music; *Les Ed's Damnees*, Jack Smith, Tony Conrad y Angus MacLise; *Road Runner*, Bo Diddley; *All I Have to Do is Dream*, The Everly Brothers; y *Monday, Monday*, The Mamas and the Papas. **Dur.:**121 minutos. **Con** John Cale, Maureen Tucker, Doug Yule, Mary Woronov, Jonathan Richman, Merrill Reed Weiner, La Monte Young, John Waters, Martha Morrison, Jackson Browne y David Bowie.

¿QUÉ?

Primer documental de Todd Haynes, traza un retrato de la fuerza creativa del Nueva York de los setenta como motor de cultura alternativa. Lo hace a través de la historia de la influyente banda The Velvet Underground, formada por el compositor, guitarrista y vocalista Lou Reed, el compositor e instrumentista (teclados, viola, bajo) John Cale, la baterista Maureen 'Moe' Tucker y el bajista Sterling Morrison, además de la vocalista Nico. La formación, como tal, no aparece hasta la media hora de metraje, cuando ya se han contado los orígenes de Reed y Cale, sus influencias (el rock en el primero; el compositor experimental John Cage en el segundo) y se ha establecido la ciudad americana como un hervidero de experimentación cutural gracias a personalidades como el cineasta y activista Jonas Mekas, organizador en su estudio Film-Makers' Cooperative de sesiones de cine *underground* frecuentadas por figuras como Andy Warhol. Mekas, fallecido en 2019 y a cuya memoria está dedicada la película, es una de los entrevistados destacados del film, junto a los miembros supervivientes de la banda original (Cale y Tucker), La Monte Young (compositor con el que se inicio John Cale) o David Bowie, productor del disco *Transformer*, de Reed tras su marcha de The Velvet Undergrond en 1970.

El documental utiliza infinidad de imágenes. A la izquierda, Andy Warhol y Lou Reed; a la derecha, la baterista Moe Tucker.

Por su parte, la trayectoria de la banda está ampliamente recogida desde el encuentro en 1964 entre Reed, en esos momentos compositor para la discográfica Pickwick, y Cale, cuando el primero muestra a este letras de canciones más sórdidas que había compuesto y surge la colaboración en busca de una música acorde con la atmósfera y la temática de los versos. El descubrimiento de la nueva banda por parte de Andy Warhol, que les impone como vocalista a la alemana Nico, les hace formar parte, en 1966, de The Exploding Plastic Inevitable, proyecto multimedia del artista. La película también aborda el fin paulatino de la banda: el despido de Warhol como mánager por parte de Reed, la salida de Cale en 1968 por su enfrentamiento con Reed y su reemplazo por Doug Yule y el abandono definitivo de Reed dos años más tarde. El documental no ahonda en temas polémicos y limita las referencias a sexo y drogas a menciones mínimas, como una declaración de Shelley Corwin, compañera universitaria de Reed, que da cuenta de la visita de Reed en aquellos tiempos a bares gays y la compra de droga en Harlem.

¿CÓMO?

A la hora de adecuarse a la esencia heterodoxa y experimental de la banda, Haynes opta por un estilo formal no convencional y utiliza la división de pantalla en gran parte del metraje, tanto en dos, tres o doce partes. Por ejemplo, cuando en un lado aparece una filmación de Reed y en la otra imágenes relacionadas con sus orígenes (algo que se repetirá de forma parecida con John Cage e, incluso, Jonas Mekas).

El documental exhibe una cantidad ingente de filmaciones y fotografías que lleva a un montaje avasallador, fruto de un trabajo colosal. Uno de los montadores del film, Adam Kurnitz, afirmó en la rueda de prensa de presentación del film en el Festival de Cannes 2021, que contaba con 600 horas de filmaciones y unas 8000 imágenes. Gran parte del material, pero no todo, provenía del Andy Warhol Museum de Pittsburgh, entre ellos fragmentos de sus films experimentales *Kiss* (1964) o *Empire* (1964). En su celebración del cine experimental, el documental también incluye piezas del animador abstracto germano de los años veinte y treinta del siglo pasado Oskar Fischinger, del norteamericano Stan Vanderbeek, el corto referencial *Meshes of the afternoon* (1943) de Maya Deren o el clásico del cine gay *Scorpio Rising* (1963), de Kenneth Anger.

MOMENTOS DESTACADOS

La escasez de material en directo de la banda provoca que, paradójicamente en un film de una banda sonora abarrotada, no haya muchos momentos musicales. Destaca la interpretación que cierra la película: la de *Heroin*, con Reed, Cale y Nico en la sala Bataclan, de París, en 1972. Sí hay fragmentos de actividades en la Factory de Warhol o del cortometraje *Scenes from the Life of Andy Warhol*, de Jonas Mekas.

No obstante, y más allá de su constante fluir de imágenes y asociaciones visuales, la película contiene momentos documentales destacables como la declaración directa de John Cale sobre su marcha o sobre el despido de Warhol por parte de Reed, decisión que Cale desconocía. Además de la demostración de la animadversión entre las escenas musicales

californianas y neoyorkinas a través de las declaraciones de la actriz de la Factory Mary Woronow y la baterista Maureen Tucker al recordar el fracaso de *Exploding Plastic Inevitable* en la costa oeste: mientras la primera explicita que «odiábamos a los hippies», la segunda argumenta: «todos queremos un mundo de paz y que no le metan balazos en la cabeza, pero no vas a cambiar mentes dándole una flor a quien te quiere disparar. Tendrían que haber estando ayudando a la gente sin hogar o hacer algo. Haz algo, pero no vayas vagabundeando con flores en el pelo».

Por otra parte, la película también reivindica la figura de la cantante alemana Nico (1938–1988), especialmente a través de declaraciones del cantautor Jackson Browne, quien había sido guitarrista de la germana. Esto contrasta con el tratamiento denigrante que había tenido en *The Doors*, de Oliver Stone, en la que aparecía como poco más que amante de ascensor de Jim Morrison en una fiesta de Warhol. (Posteriormente, el film *Nico 1988* [2017], de Susanna Nicchiarelli, se centraba en los dos últimos años de vida de la cantante. Encarnada por la danesa Trine Dyrholm, Nico aparece como una mujer problemática y desencantada que quiere desligarse de su pasado con la banda y reivindicar su carrera posterior en solitario

The Velvet Underground, de izquierda a derecha: Moe Tucker, Sterling Morrison y John Cale.

—seis álbumes frente a uno solo con los Velvet–, surgida tras ser animada para ello por, según el film, Jim Morrison, con quien sí tuvo un romance de pocos meses.)

¿QUIÉN LA DIRIGE?

El documental fue una propuesta a Todd Haynes después de que la viuda de Reed, Laurie Anderson, ordenara el material de su marido para su donación a la biblioteca pública de Nueva York. Haynes, vinculado al cine independiente y al nuevo cine *queer* con su film debut, *Poison* (1991), ya había dirigido un corto titulado *Superstar: The Karen Carpenter Story* (1987), en que utilizaba muñecos de Barbie y Ken para representar a los hermanos Karen y Richard Carpenter (el grupo The Carpenters), decisión polémica, más aún al haber fallecido ella de anorexia nerviosa. Posteriormente, Haynes abordó el cine rock en dos largometrajes que atesoran su adecuación formal a las temáticas que aborda –igual que en *The Velvet Underground*–: la ficción *glam Velvet Goldmine* y el biopic *I'm not There*, en la que utilizaba a siete actores para representar la trayectoria caleidoscópica de Bob Dylan.

El film llega a dividir la pantalla en doce partes.

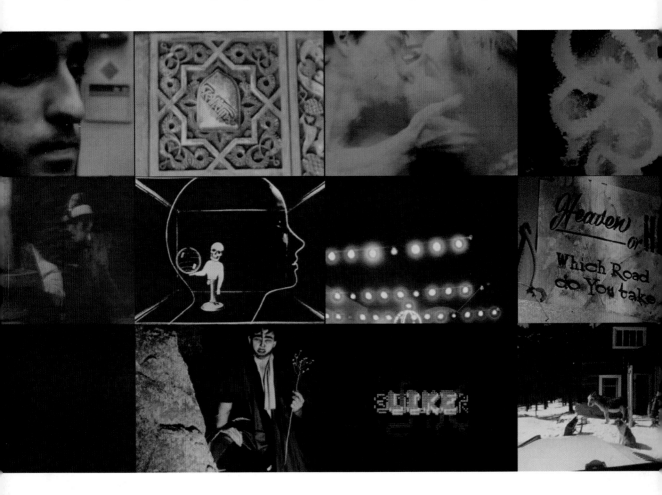

MUSICALES

JESUCRISTO SUPERSTAR
(*Jesus Christ Superstar*)

1973. Estados Unidos. **Prod.:** Universal. Norman Jewison y Robert Stigwood. **Dir.:** Norman Jewison. **Guion:** Melvyn Bragg y Norman Jewison, basado en la ópera rock de Andrew Lloyd Weber y Tim Rice. **Fot.:** Douglas Slocombe, en color. **Mont.:** Antony Gibbs. **Mús.:** Andrew Lloyd Weber. **Coreografía:** Rob Iscove. **Canciones:** *Heaven on their Minds, What's the Buzz, Strange Thing Mystifying, Then We Are Decided, Everything's Alright, This Jesus Must Die, Hosanna, Simon Zealotes, Poor Jerusalem, Pilate's Dream, The Temple/The Lepers, I Don't Know How to Love Him, Damned for All Time/ Blood Money, The Last Supper, Gethsemane (I Only Want to Say), The Arrest, Peter's Denial, Pilate and Christ, King Herod's Song, Could We Start Again, Please?, Juda's Death, Trial Before Pilate, Superstar, The Crucifixion y John 19:41* (instrumental). **Dur.:** 102 minutos. **R.:** Ted Neeley (Jesucristo), Carl Anderson (Judas Iscariote), Yvonne Elliman (María Magdalena), Bob Bingham (Caifás), Barry Denen (Poncio Pilatos), Joshua Mostel (Rey Herodes).

ARGUMENTO: Una compañía teatral escenifica en Israel un musical que recrea los últimos días de Jesucristo.

ORIGEN

Primer éxito de la pareja profesional formada por el compositor Andrew Lloyd Webber y el letrista Tim Rice, ambos británicos, *Jesucristo Superstar* se publicó como doble álbum en 1970, con Ian Gillan, de Deep Purple (en el papel de Jesucristo), MurrayHead (Judas) e Yvonne Elliman (María Magdalena), antes de ser siquiera un musical, vistas las dificultades que tenían los autores para montar la producción. Para *Jesucristo Superstar*, Rice se inspiró en la canción *With God on Our Side*, de Bob Dylan, que en los últimos versos menciona a Judas Iscariote (*Tendrás que decidir si Judas Iscariote tenía a Dios de su parte*). El éxito de ventas del disco en Estados Unidos provocó que a finales de 1971 se estrenara en Broadway su versión escénica, dirigida por Tom O'Horgan y con Jeff Fenholt como Jesús. Llegó a las 711 representaciones y obtuvo 5 nominaciones a los premios Tony. En Reino Unido no se estrenaría hasta agosto de 1972, dirigida por Jim Sharman –futuro realizador de *The Rocky Horror Picture Show*– y con Paul Nicholas como protagonista. Norman Jewison, que en 1971 ya había adaptado al cine el exitoso musical de Broadway *El violinista en el tejado*, se interesó por hacer lo mismo con *Jesucristo Superstar* y contactó con Universal, la productora que tenía los derechos.

Tanto las versiones teatrales como la adaptación cinematográfica estaban producidas por el australiano Robert Stigwood, mánager de los grupos Cream y Bee Gees, que vio un filón en la traslación de obras rock al cine. Después de Jesucristo llegaron las también exitosas *Tommy* (1975), *Fiebre del sábado noche*, (1977) con millonaria banda sonora de

En el número musical Everything's Alright *coinciden, de izquierda a derecha, Judas (Carl Anderson), Simón el Zelote (Larry Marshall), Jesucristo y María Magdalena (Yvonne Elliman).*

Ted Neeley siempre estará asociado al personaje de Jesucristo Superstar, pese a no haber sido él quien lo estrenase en Broadway, sino Jeff Fenholt.

sus representados Bee Gees, y *Grease* (1978). Sin embargo, fracasó estrepitosamente con *Sargento Pepper* (1978), adaptación del disco *Sgt. Pepper's Lonely Hearts Club Band*, de los Beatles, interpretada por los Bee Gees.

En cuanto a los actores, Jewison contó con intérpretes ya relacionados con el musical: Yvonne Elliman, había sido María Magdalena en el estreno de Broadway, igual que Barry Dennen en el papel de Poncio Pilatos y Bob Bingham como Caifás. Por su parte, Ted Neeley, que había trabajado en teatro con el director Tom O'Horgan en *Hair*, había sido uno de los suplentes de Jeff Fenholt y había interpretado a Jesucristo en la gira de Los Angeles.

Por lo que se refiere a Judas, Carl Anderson, vocalista del grupo The Second Eagle, había interpretado, por libre y junto a su grupo, algunas canciones del álbum original, lo que le abrió las puertas del musical de Broadway, en el que fue suplente del actor designado, Ben Vereen, también afroamericano, cuando este se puso enfermo; se acabarían alternando Vereen y él. Anderson se encargaría del papel en la gira de Los Angeles. Además de hacerlo en la película, retomaría en varias ocasiones el personaje, como en 2003, cuando se le diagnosticó leucemia, enfermedad de la que moriría al año siguiente. La selección de un actor negro para el papel de Judas fue una de las polémicas que tuvo que afrontar la película; igual que las críticas de varias asociaciones judías por, según ellos, tergiversar la historia bíblica. Como curiosidad, antes que el film de Jewison, consta un *Jesus Christ Superstar* filipino de 1972, inencontrable en la actualidad.

CONCEPTO MUSICAL

Adaptación *hippie* —la última cena tiene lugar al aire libre a plena luz y se asemeja a una salida campestre— y rock de la última semana de vida de Jesucristo, el film, nominado al Oscar por su banda sonora de canciones, es un musical *sung-through*, en el que las canciones sustituyen los diálogos totalmente o casi, como sucede en varias de las películas del francés Jacques Demy (*Los paraguas de Cherburgo, Une chambre en ville*). El guion sigue la estructura del álbum, aunque algunas canciones se modificaron. La aportación de la película en relación con el musical es la idea de base de un grupo teatral que llega a Israel y se dispone a recrear la los últimos días de Cristo. Esto permite la fusión de elementos actuales y pasados, como por ejemplo, la aparición de tanques en *Damned For Al Time,* el número en el que Judas decide traicionar a su líder. Además, se añadió *And Then We Decided,* en el que el Sumo Sacerdote Caifás decide la muerte de Jesús antes incluso de que lo arresten; la canción se ha incorporado a la obra en algunos posteriores montajes teatrales.

Por otra parte, *King Herod's Song,* cantada como musical ligero con un Herodes playero rodeado de mujeres, era, en realidad, una adaptación de *Try It and See,* compuesta por los autores como posible candidata británica para Eurovisión 1969, donde el Reino Unido era representado por la escocesa Lulu. La canción no llegó a la final del concurso nacional y la escogida, *Boom Bang-a-Bang,* fue una de las cuatro ganadoras de Eurovision, entre ellas, la española *Vivo cantando,* de Salomé. El Herodes del film es Joshua Mostel, hijo de Zero Mostel, el protagonista del musical paródico *Golfus de Roma* e intérprete original de *El violinista en el tejado,* a quien Jewison había descartado para la versión cinematográfica.

MOMENTOS DESTACADOS

Son otros los personajes que más destacan en la película. Yvonne Elliman, con su voz llorosa, canta dos de las piezas más conocidas de la obra las baladas, *Everything Is Alright* y, especialmente, *I Don't Know How To Love Him,* sobre sus sentimientos por Jesús, que ya había publicado como *single* con cierto éxito en 1971. La cantante sería nominada al Globo de Oro a la mejor actriz de musical. Elliman colaboraría con Eric Clapton en los coros de su versión de *I Shot The Sheriff* y conseguiría llegar al nº 1 en 1977 con *If I Can't Have You,* compuesta por los Bee Gees para la banda sonora de *Fiebre del sábado noche.*

Pero la gran fuerza del film es Carl Anderson, en su papel de un Judas angustiado y lleno de dudas. Un Judas reprochador abre el film con la impresionante *Heaven on their Minds,* en un vasto y rocoso escenario natural y lo cierra con la espectacular e hiriente

La compañía teatral llega a Israel y se prepara para empezar la obra. El actor que hace de Judas, de rojo y de espaldas al resto, se aleja caminando y el que encarnará a Herodes está ya sentado en un trono, un sillón encima del autocar.

Superstar, la más famosa de todas las piezas. Entremedio, atormentado, se cuelga de un árbol en el momento más impactante del film, en el número Juda's Death, después de haber parafraseado el *I don't Know How To Love Him,* de Elliman. Anderson recibió dos nominaciones a los Globos de Oro, como mejor actor de un musical y mejor actor revelación, las dos mismas candidaturas que obtuvo Ted Neeley, un Jesucristo menos lucido que su antagonista, pero que deja otro tema recordado, *Gethsemane (I Only Want To Say),* en el que, humano, expresa su temor y dudas ante la muerte.

GREASE
(*Grease*)

1978. Estados Unidos. **Prod.:** Paramount. Robert Sitigwood y Allan Carr. **Dir.:** Randal Kleiser. **Guion:** Bronte Woodard, basado en el musical homónimo (1971), de Jim Jaconbs y Warren Casey. **Fot.:** Bill Butler, en color. **Mont.:** John F. Burnett. **Coreografía:** Patricia Birch. **Canciones e intérpretes:** *Grease*, Frankie Valli; *Summer Nights*, *You're the One That I Want* y *We Go Together*, John Travolta y Olivia Newton-John; *Look At me, I'm Sandra Dee* y *There are Worse Things I Could Do*, Stockard Channing; *Hopelessly Devoted To You*, Olivia Newton-John; *Sandy*, John Travolta; *Greased Lightning*, John Travolta y Jeff Conaway; *Beauty School Dropout*, Frankie Avalon; *Blue Moon*, *Rock'N'Roll Is Here to Stay*, *Hound Dog*, *Those Magic Changes*, *Born to Hand Jive* y *Tears In My Pillow*, Sha-Na-Na; *Freddy My Love* y *It's Raining on Prom Night*, Cindy Bullens; *Mooning*, Louis St. Louis y Cindy Bullens; y *Rock'N'Roll Party Queen*, Louis St. Louis. **Dur.:** 110 minutos. **R.:** John Travolta (Danny Zuko), Olivia Newton–John (Sandy), Stockard Channing (Rizzo), Jeff Conaway (Kenickie), Didi Conn (Frenchie), Eve Arden (Directora McGee).

Danny Zuko (John Travolta) y Olivia Newton-John (Sandy), pareja ya mítica del cine popular.

ARGUMENTO: Sandy, adolescente australiana, comienza nuevo curso escolar en Norteamérica sin imaginarse que va a encontrarse con el chico del que se enamoró en las pasadas vacaciones estivales, Danny Zuko. Sin embargo, la actitud hacia ella de Zuko, ahora en compañía de su pandilla, ha cambiado. Está pendiente de mantener las apariencias y no se muestra tan romántico con ella como meses antes.

ORIGEN

Grease comenzó en Chicago en 1971 como una modesta pieza de teatro de dos jóvenes nostálgicos del rock (Jim Jacobs y Warren Casey) con algunos números musicales y protagonizada por actores desconocidos (Doug Stevenson como Danny; Leslie Goto como Sandy) en la piel de malhablados adolescentes *greasers*. El inesperado éxito local, que se alargó hasta los siete meses, llamó la atención de dos productores teatrales, Kenneth Waissman y Maxine Fox, para llevarla a Nueva York. Para eso, había que rebajar la crudeza del lenguaje y suavizar el tono, dar más importancia a la relación amorosa entre Sandy y Danny, trasladar el lugar de acción de Chicago a otro indeterminado (lo que provocó, por ejemplo, la eliminación de la canción *Foster Beach*, alusión geográfica explícita, y su sustitución por *Summer Nights*, creada para la ocasión y mantenida luego en la película) y hacer cambios en el repertorio de canciones; a ese respecto, se mantuvieron la célebre *Greased Lightning*, la falsamente angelical *Beauty School Dropout*, la coral *We Go Together*, que entonces cerraba el primer acto, y las dos piezas interpretadas por la indómita Rizzo –la confesional *There Are Worse Things I Could Do* y la burlona *Look at Me, I'm Sandra Dee*, en referencia a la actriz rubia adolescente que representó la inocencia en films como *Imitación a la vida*, *Gidget* o *En una isla tranquila al sur*, todas de 1959–, pero se eliminó un tema llamado *Grease*, diferente al que luego habría en la película, y se añadió el hecho de que Sandy hiciera su propia versión de *Look at Me, I'm Sandra Dee* (como sucede en el film), además de otras sustituciones de canciones que no tendrían trascendencia para la película. La versión neoyorkina estuvo protagonizada por Barry Bostwick (Danny) y la debutante Carole Demas y se contrató como coreógrafa a Patricia Birch, que repetiría función en la película y que dirigiría la secuela *Grease 2* (1982).

El film se inicia musicalmente con los coros de Love Is A Many Splendored Thing, canción oscarizada del melodrama clásico La colina del adiós (1955), para ilustrar irónicamente el acaramelado amor de verano entre los protagonistas.

Estrenada en el off-Broadway en febrero de 1972, tuvo tal éxito que se mantuvo en cartel –con algunos cambios de sede, aunque mayoritariamente en el Royale Theatre, en Broadway– hasta abril de 1980 y se convirtió en ese momento en el espectáculo Broadway de mayor longevidad hasta que fue superado por *A Chorus Line* en 1983. Obtuvo siete nominaciones a los Tony, aunque no consiguió ningún galardón.

Pese a haber rechazado una rápida adaptación al cine para no afectar al éxito de la versión teatral y haberse decantado a mediados de los setenta por una (frustrada) versión en dibujos animados a cargo de Ralph Bakhsi, conocido por sus films de contenido adulto como *Fritz the Cat* (1971) y *Heavy Traffic* (1973), más acorde al tono del *Grease* original, Jacobs y Casey llegaron después a un acuerdo con el agente de estrellas Allan Carr, quien junto a Robert Stigwood, productor de *Jesucristo Superstar* y *Tommy*, le ofreció el proyecto a Paramount, que aceptó. La dirigiría el debutante Randal Kleiser, a sugerencia del protagonista, John Travolta, que acababa de trabajar en otra producción de Stigwood, *Fiebre del sábado noche*, y que había sido dirigido por Kleiser en el telefilm *El chico de la burbuja de plástico*. Le acompañaría la entonces ya exitosa y premiada cantante Olivia Newton-John en lo que sería su primera gran película, a pesar de haber debutado como actriz en la británica *Toomorrow* (1970) de Val Guest, cuando todavía no era muy conocida.

CONCEPTO

El *Grease* cinematográfico, *soft rock* en todos los sentidos, refuerza la versión amable de la adaptación de Broadway, alejada del original representado en Chicago. Aunque ambientada a finales de los años cincuenta, como delatan los trailers de los films *Locos por Anita* (1956) y *The Blob* (1959) en la escena del *drive-in* y la mención a Richard Nixon como vicepresidente –lo fue desde 1953 a 1961–, el aspecto visual de la película, resplandeciente y nítido, parece el de un idílico oasis y nada tiene que ver con el duro blanco y negro de *Salvaje* (1953) o incluso los colores tupidos de *Rebelde sin causa* (1955), interpretadas por esa juventud rebelde a la que *Grease* regresa desde un tono más ligero, superficial y nostálgico. Así, por ejemplo, la carrera de coches que tenía lugar en la película de James Dean

En el inicial Summer Nights, *Sandy cuenta a Frenchie (Didi Conn, de rosa y la derecha) y a sus nuevas amigas su versión del encuentro veraniego con Danny Zuko.*

de manera furtiva, con nocturnidad y final trágico, aquí se da a plena luz del día en el canal de Los Angeles, y aunque toma como modelo la carrera de cuádrigas de *Ben Hur* (1959), lo máximo que hay que lamentar es chapa rajada y un coche embarrancado. Y si en el instituto de *High School Confidential* (1958), de Jack Arnold, con aparición especial del rockero Jerry Lee Lewis, había una trama de tráfico y consumo de drogas entre los estudiantes, en el de *Grease* el mayor conflicto es el posible embarazo de Rizzo, que al final queda en nada. Por contra, el film se centra en los desencuentros amorosos, las aspiraciones y las inquietudes sexuales de los protagonistas en un ambiente colegial, preuniversitario, que anuncia los universos de las posteriores *Porky's*, *American Pie...*

Como musical, *Grease* retornaría al concepto clásico del género que habían abandonado operas-rock como *Jesucristo Superstar* o *Tommy*, en las que las canciones

sustituían a los diálogos, y los números musicales interrumpen la acción para expresar los sentimientos, pensamientos o aspiraciones de los personajes. En el film se añadieron cuatro canciones nuevas y se modificaron aspectos de otras ya existentes, a veces, minando el sentido coral de la pieza original y reforzando el protagonismo de John Travolta (Danny) y Newton-John (Sandy). Así, el famoso *Greased Lightning*, que en la obra cantaba el personaje de Kenickie (Jeff Conaway, el único actor que estuvo en el estreno neoyorkino; era el suplente de los personajes masculinos), fue interpretado por Travolta, a sugerencia propia. Además, varias de las canciones que correspondían a personajes secundarios fueron adaptadas, ya fuera en versión instrumental (*Alma Mater*), o como música de baile (*Those Magic Changes* o *Rock'n'Roll Party Queen*) en la secuencia del concurso televisivo National Bandstand, llamado así en referencia al popular *American Bandstand*, presentado durante cuatro décadas por Dick Clark.

Una de las canciones añadidas, *Sandy*, que canta en solitario John Travolta en el exterior del *drive-in* y acaba con una atrevida alusión sexual a través de un anuncio animado que

El film se centra en los desencuentros amorosos, las aspiraciones y las inquietudes sexuales de los protagonistas en un ambiente colegial, preuniversitario.
En la segunda imagen, destaca, fumando sobre la cama, Rizzo (Stockard Channing).

se ve de fondo en la pantalla en la que una salchicha encuentra alegre cobijo en un panecillo abierto, sustituía el *Alone at a Drive in Movie* de la obra. De las otras tres, *Grease* fue escrita para los créditos iniciales por Barry Gibb (Bee Gees, de los que era mánager Robert Stigwood) e interpretada por Frankie Valli, cuyo agente era Allan Carr. Las otras dos fueron compuestas por John Farrar, colaborador de Olivia Newton-John en su carrera musical previa: *Hopelessly Devoted To You*, que fue nominada al Oscar, y *You're the One That I Want*, que lo fue al Globo de Oro, igual que *Grease*. Los dos premios los ganó la discotequera *Last Dance*, de *¡Por fin, ya es viernes!*

Sandy pasa de joven inocente enamoradiza a greaser.

Por otra parte, los rockeros Sha-Na-Na, que habían aparecido en el documental *Woodstock*, encarnan en el film al grupo del concurso de baile, Johnny Casino and the Gamblers, e interpretan, además de *Born to Hand Jive*, ya prevista en la obra de teatro, versiones de los clásicos *Hound Dog, Rock'n'Roll Is Here To Stay, Blue Moon* o *Tears On My Pillow*. También suenan a lo largo del film las versiones originales de *Whole Lotta Shakin' Goin' On*, de Jerry Lee Lewis, y *La Bamba* de Ritchie Valens.

MOMENTOS DESTACADOS

Film que ha alcanzado el cénit de la mitología popular por su estética retro, sus canciones *soft-rock* y la química de su pareja protagonista, *Grease* está plagado de números musicales recordados como *Summer Nights*, que en montaje paralelo cuenta las dos versiones del encuentro veraniego entre Danny y Sandy; *You're the One that I Want*, que muestra la conversión final de Sandy en una *greaser*; y *Greased Lightning*, acerca de las ilusiones puestas en la reparación del coche abollado de Kenickie, alegoría de las incertidumbres sobre el futuro de los protagonistas.

El tema de la realidad confrontada con los anhelos de un grupo de jóvenes en el último año de instituto, probablemente herencia del original teatral, subyace a lo largo del film, como certifica el divertido número *Beauty School Dropout*, ya existente en la producción de Chicago, en el que una frustrada Frenchie, la amiga de voz aflautada de Sandy, recibe la visita de un ángel de la guarda insólitamente sincero que le aconseja que deje sus aspiraciones y retome los estudios. En la obra de teatro esta criatura celestial es un ángel adolescente. Sin embargo, en el film optaron por Frankie Avalon, antiguo protagonista, junto a Annette Funicello, de musicales playeros de los años sesenta como *Escándalo en la playa* (1963) o *Bikini Beach* (1964), ambas de William Asher.

PINK FLOYD: THE WALL (EL MURO)
(*Pink Floyd: The Wall*)

1982. Reino Unido. **Prod.:** Goldcrest Film International y Tinblue. Alan Marshall. **Dir.:** Alan Parker. **Animación:** Gerald Scarfe. **Guion:** Roger Waters, basado en el álbum *The Wall* (1979), de Pink Floyd. **Fot.:** Peter Biziou. **Mont.:** Gerry Hambling. **Mús.:** Roger Waters. **Canciones e intérpretes:** *When the Tigers Broke Free, The Thin Ice, Another Brick in the Wall, Goodbye Blue Sky, The Happiest Days of Our Lives, Mother, What Shall We Do Now?, Young Lust, One of My Turns, Don't Leave Me Now, Goodbye Cruel World, Is There Anybody Out There?, Nobody Home, Vera, Bring The Boys Back Home, Comfortably Numb, Run like Hell, Waiting for the Worms, The Trial* y *Outside the Wall,* Pink Floyd; *In the Flesh?, In the Flesh,* y *Stop,* Bob Geldof. **Dur.:** 95 minutos. **R.:** Bob Geldof (Pink), Christine Heargraves (Madre de Pink), James Laurenson (Padre de Pink), Eleanor David (Esposa de Pink), Kevin McKeon (Pink niño), Bob Hoskins (Mánager).

ARGUMENTO: La estrella del rock Pink sufre una crisis existencial. Huérfano de padre y sobreprotegido por la madre, tuvo una educación rígida y solitaria en la escuela. Engañado por su esposa, se refugia en las drogas y se imagina como líder de la extrema derecha. Cada experiencia traumática es un ladrillo más de un muro que Pink se ha contruido mentalmente para aislarse de la sociedad.

Las animaciones de Gerald Scarfe, como el desfile de martillos, es uno de los rasgos distintivos de la película.

193

Pink (Bob Geldof)
el protagonista, se
enfrenta en soledad a
sus fantasmas interiores,
gestados en su propia
infancia.

ORIGEN

La película *Pink Floyd: The Wall* formaba parte de un proyecto tripartito y completaba el ciclo que había iniciado el doble álbum homónimo de 1979 de la banda banda líderada por Roger Waters y los conciertos-espectáculo dados en una minigira mundial entre 1980 y 1981 (Los Angeles, Nueva York, Dortmund y Londres). El doble disco original surgió en un momento en que el grupo empezaba a desintegrarse: el teclista Rick Wright, por ejemplo, fue despedido durante la grabación del álbum y contratado a sueldo como músico independiente en los conciertos.

La gira del disco anterior, *Animals*, había evidenciado la distancia entre el grupo, especialmente Waters, y su público. El baterista Nick Mason menciona, en particular, un concierto en Montreal en que Waters escupió a un grupo de fans que lo increpaban. Tras un parón de un año en el que cada integrante se ocupó de proyectos personales, Waters les presentó dos propuestas de disco en los que había estado trabajando: *The Wall*, por el que se decantaron sus compañeros, y *The Pros and Cons of Hitch Hiking*, que acabaría publicando Waters en solitario en 1984.

El título del proyecto escogido se refería metafóricamente a esa pérdida de conexión con el público y se representaba escénicamente en los conciertos con la elevación, ladrillo a ladrillo –340 cajas de cartón reforzado de 1'2 metros de largo, 0'9 de alto y 0'3 de ancho– de un enorme muro –unos 50 metros de largo por 10 de alto– que en la segunda parte del espectáculo se derribaría. Una vez construido el muro, sobre él se proyectaban animaciones del caricaturista Gerald Scarfe, que se mantendrían en la película como los célebres desfiles de martillos o las flores copuladoras.

En cuanto al film, la idea era que la produjera Alan Parker y la codirigieran Scarfe, que ya había trabajado previamente con el grupo en la gira de *Animals*, y el director de fotografía Michael Seresin, colaborador de Parker en films como *Bugsy Malone* (1976), *El expreso de medianoche* (1978) o *Fama* (1980). Finalmente fue Parker el que se encargó de la dirección relegando a Scarfe a la dirección de los fragmentos animados. Parker chocó con el máximo artífice del proyecto general, Roger Waters, cuyo liderazgo absoluto ya incomodaba en el seno del grupo.

Waters tenía previsto ser el protagonista de la cinta; al fin y al cabo se incluyen pasajes autobiográficos como la muerte del padre de Pink en la Segunda Guerra Mundial. Además, el aislamiento del protagonista responde a la propia reflexión de Waters sobre la relación del artista con el público. Sin embargo, la escasa capacidad interpretativa de Waters llevó al director a decantarse por otro cantante, el irlandés Bob Geldof, líder de The Bomtown Rats, que habían tenido su gran éxito *I Don't Like Mondays* en 1979. Por otra parte, algunas de las actitudes alucinadas del personaje de Pink evocan a Syd Barrett, miembro fundador, cantante, guitarrista y compositor de la formación, a la que había puesto nombre, hasta que la abandonó en 1968 por problemas derivados de su dependencia del LSD.

CONCEPTO

La irrupción de Parker como director también modificó la idea inicial de Waters: realizar una combinación de fragmentos de los conciertos, las animaciones de Scarfe y escenas rodadas expresamente con el personaje de Pink. Parker, tal como recoge Fielder, «le dijo a la banda que no le interesaba hacer una película de rock'n roll. Eran las ideas y el concepto de *The Wall* lo que le atraían». Así, a diferencia del resto de películas incluidas en este apartado, *El muro* es mayoritariamente un musical extradiegético: las canciones suenan fuera de la acción de la película, pero más allá de complementarla como comentario sonoro funcionan como motor narrativo. Las imágenes están al servicio de las letras creadas por Waters y no al revés. Más que una banda sonora de canciones que ilustran momentos concretos de un film, el tupido y constante entramado sonoro ejerce de narrador, desborda los escasos diálogos de la película, que parecen innecesarios, y sustituye las reflexiones y pensamientos del protagonista, exceptuando algún pasaje específico diegético en el que los diálogos del propio Pink se acomodan como versos cantados, por ejemplo, en su discurso fantasioso como líder de la extrema derecha.

En relación con el álbum original, el film incorpora una canción nueva *When The Tigers Broke Free* (en dos partes), la primera que suena y que evoca al padre del protagonista en la guerra; fue editada como *single* y como *bonus track* en el álbum de Pink Floyd *The Final Cut* (1983). Al mismo tiempo, la canción *Empty Spaces*, que aparecía en el disco, es reemplazada en la película por *What Shall We Do Now?*, versión extendida de la anterior, como música para la animación floral. Además, la incorporación de Geldof al proyecto llevó a la regrabación de los temas *In the Flesh?*, *In the Flesh* y *Stop*, con el cantante irlandés. La película fue presentada en el Festival de Cannes de 1982 y obtuvo los BAFTA del cine británico a mejor sonido y mejor canción para *Another Brick in the Wall*, pese a ser una pieza preexistente y dividida en tres partes a lo largo del film.

MOMENTOS DESTACADOS

Aunque la música de Pink Floyd se erige en el eje fundamental de la película, *Pink Floyd: The Wall* es una cinta de imágenes poderosas, impactantes y desafiantes que, por una parte, reflejan el talante provocador y directo de Parker, autor de las polémicas *El expreso de medianoche* y *El corazón del ángel*, y, por otra, se adecúan al espíritu grave y grandilocuente del rock sinfónico encarnado por la formación de Waters.

Uno de los números célebres del film es el despiadado ataque a la educación británica de posguerra en el que, metafóricamente, aparecen niños desfigurados en fila avanzando mecánicamente y desprovistos de personalidad hasta ser lanzados a una trituradora y convertidos en carne picada con *Another Brick in the Wall* de fondo.

Destaca también toda la parte final, iniciada sobre *Comfortably Numb*, pieza de Waters y David Gilmour, con la desagradable conversión de Pink –anulado por las drogas y transformado en una criatura nauseabunda, momificada en sus propios desechos– en un impoluto cabecilla de extrema derecha. Emulando la iconografía de masas nazi, Pink aparece ante enfervorizados seguidores e inicia un discurso, que es el único fragmento musical diegético del film: *In the Flesh* es un discurso cantado que acerca la película por un momento al modelo habitual de ópera rock.

Por otra parte, el metraje está jalonado de las animaciones de Gerald Scarfe, imágenes sombrías y perturbadoras, tales como aviones en guerra que se convierten en cruces de tumbas, flores que después de hacer el amor se transforman en criaturas monstruosas, ladrillos con faz humana que gritan desesperadamente desde el muro en el que están atrapados, una silueta femenina convirtiéndose en una serpiente que ataca al protagonista, el desfile de martillos como manifestación violenta del poder, o el caricaturizado juicio final (*The Trial*, coescrita con el productor Bob Ezrin). En esta secuencia animada final de cinco minutos Pink es condenado a exponerse ante el mundo tras la destrucción del muro. De este modo, el film se autoreconoce como solución terapéutica a los miedos y conflictos personales de Waters.

Una de las imágenes más recordadas y turbadoras del film: niños sin rostro definido y en fila para ser triturados mientras suena Another Brick in the Wall.

ACROSS THE UNIVERSE
(*Across the Universe*)

2007. Estados Unidos. **Prod.:** Revolution Studios. Suzanne Todd, Jennifer Todd y Matthew Gross. **Dir.:** Julie Taymor. **Guion:** Dick Clement y Ian La Frenais, sobre un argumentao de Julie Taymor, Dick Clement y Ian La Frenais. **Fot.:** Bruno Delbonnel, en color. **Mont.:** Françoise Bonnot. **Mús.:** Elliot Goldenthal. **Coreografía:** Daniel Ezralow. **Canciones:** *Girl, Helter Skelter, Hold Me Tight, All My Loving, I Want To Hold Your Hand, With A Little Help From My Friends, It Won't Be Long, I've Just Seen A Face, Let It Be, Come Together, Why Don't We Do It In The Road?, If I Fell, I Want You (She's So Heavy), Dear Prudence, Flying, Blue Jay Way, I'm The Walrus, Being For The Benefit Of Mr. Kite, Because, Something, Oh Darling, Strawberry Fields Forever, Revolution, While My Guitar Gently Weeps, Across The Universe, And I Love Her, Happiness Is A Warm Gun, A Day In The Life, Blackbird, Hey Jude, Don't Let Me Down, All You Need Is Love, She Loves You* y *Lucy In The Sky With Diamonds.* **Dur.:** 128 minutos. **R.:** Evan Rachel Wood (Lucy), Jim Sturgess (Jude), Joe Anderson (Max), Dana Fuchs (Sadie), Martin Luther McCoy (Jojo), T. V. Carpio (Prudence).

Across the universe, crónica de los años sesenta con canciones de los Beatles, muestra el antibelicismo de la época. En el centro, Lucy (Evan Rachel Wood) y su hermano Max (Joe Anderson). En el margen izquierdo, Jude (Jim Sturgess).

197

Mientras suena Because, *ensoñaciones acuáticas invaden la pantalla con Jude y Lucy. Tom se aleja prefigurando su marcha hacia Vietnam.*

ARGUMENTO: Años sesenta. Jude, un joven trabajador del puerto de Liverpool, viaja a Princeton a conocer a su padre, conserje de la universidad al que cree profesor de la institución. Allí encuentra al alocado Max y su hermana Lucy, de la que se enamora. Jude y Max viajan a Nueva York y se instalan en casa de la cantante de rock Sadie, lugar en el que coincidirán también con el guitarrista negro Jojo, y la joven Prudence, que oculta su lesbianismo. El novio de Lucy muere en la guerra de Vietnam, ella se convierte en una ferviente activista antibélica, pero su hermano Max se verá obligado a alistarse. Jude y Lucy comienzan una relación.

CONCEPTO

La singularidad de *Across the Universe*, un musical *jukebox* −con canciones preexistentes−, radica en que los personajes cantan temas de los Beatles. Lo hacen sin alterar las letras, aunque, en algunas ocasiones, se mezclen con diálogos y, en otras, se oigan solo fragmentos breves, como sucede con *Girl*, cuyos primeros versos se utilizan a modo de presentación al inicio del film en voz del protagonista, Jim Sturgess. O con *She Loves You*, en la que el verso del título es repetido en el interior del número final, consagrado a *All You Need Is Love*. Son un total de 34 canciones, interpretadas por los actores; en ningún momento se oye la voz de los 4 de Liverpool.

198

El proceso de construcción del film consistió en definir primero la línea argumental romántica y después elegir las canciones de los Beatles que más convinieran para su desarrollo. Así, *Hold Me Tight* [*Agárrame fuerte*] es cantada por Lucy, a su novio, en un baile, *With A Little Help From My Friends* [*Con algo de ayuda de mis amigos*] celebra las nuevas amistades de Jude en Princeton, o *I Want To Hold Your Hand* [*Quiero cogerte de la mano*], expresa el amor oculto de la joven Prudence por una compañera, en una variación de sexo respecto a los cantantes originales que ejemplifica el espíritu flexible y creativo de Taymor en la adecuación de las canciones a la historia.

La idea de la directora era utilizar a la banda británica para hacer una crónica de los convulsos años sesenta: la guerra de Vietnam, los disturbios raciales de Detroit en 1967, el activismo antibélico o el asesinato de Martin Luther King. Estas cuatro situaciones, por ejemplo, quedan reflejadas en el film a través de, respectivamente, *I Want You (She's So Heavy)* que transforma la canción original sobre el amor de John Lennon por Yoko Ono en un himno marcial de reclutamiento, *Let It Be*, en una destacada versión −iniciada a cappella por un niño negro (Timothy T. Mitchum), hermano del personaje Jojo, y continuada como góspel, en la voz de Carol Woods, en el funeral del chico−, la pacifista *Revolution*, cantada por Sturgess como reproche a Lucy, inmersa en su activismo, y *While My Guitar Gently*

Dos cameos del film: Salma Hayek, que en 2002 había protagonizado Frida *para Julie Taymor, se multiplica en el número* Happiness is a Warm Gun; *y Bono se sube al autobús para interpretar* I'm the Walrus.

Weeps, lamento de Jojo tras la muerte del líder afroamericano. También destaca *Happiness Is A Warm Gun*, con la intervención de Salma Hayek en el rol de enfermera multiplicada en el hospital donde se recupera Max tras luchar en Vietnam.

Los nombres de los personajes principales remiten a canciones del grupo británico: Jude (*Hey Jude*), Lucy (*Lucy in the Sky with Diamonds*), que suena en los créditos finales interpretada por Bono y acompañada de imágenes psicodélicas, en alusión al acróstico oculto en el título de la canción (LSD), Prudence (*Dear Prudence*), Max (*Maxwell's Silver Hammer*), Sadie (*Sexy Sadie*) y Jojo (*Get Back*); ninguna de las tres últimas se incluye en el film. Extrañamente ningún personaje se llama Michelle, como la célebre canción del disco *Ruber Soul*, también excluída de la banda sonora.

EL ROCK DE LOS BEATLES

Los hermanos interpretados por Evan Rachel Wood y Joe Anderson estaban basados en los dos hermanos de la directora; por otra parte, la cantante rockera Sadie y su guitarrista y amante negro Jojo están inspirados en Janis Joplin y Jimmy Hendrix. Son estos dos personajes, especialmente ella, los que vehiculan en el film la mayoría de las canciones rock de los Beatles, como *Helter Skelter* (en un montaje paralelo con *Across the Universe*, cantada por Sturgess), *Oh Darling* (cantada a dúo) o el blues *Why Don't We Do It In The Road?*

El componente rock se ve apoyado por la participación como actores de dos rockeros como Joe Cocker, que canta *Come Together*, haciendo varios personajes, entre ellos un vagabundo y un proxeneta, y Bono, de U2, que encarna al Dr. Robert (en referencia a otra canción del grupo que no aparece en el film) e interpreta *I'm the Walrus* en un autobús, en una recreación los viajes grupales psicodélicos de la época. Además, *A Day In The Life* se incluye en una versión instrumental del célebre guitarrista Jeff Beck. Por otra parte, la escena final en la azotea es una referencia obvia al último concierto de la banda, recogido en el documental *Let It Be*.

LA DIRECTORA

Se trata del tercer largometraje de Julie Taymor, que se había consagrado como directora teatral diez años antes con la versión escénica de la producción de Disney *El rey león*, que le reportó dos premios Tony, como directora y diseñadora del vestuario. Este último aspecto demuestra la importancia estética para Taymor: de sus cinco películas, cuatro han obtenido nominaciones al Oscar en la categoría de vestuario, incluida *Accross the Universe*, única candidatura del film, mención aislada que también conseguirían sus personales versiones de las shakesperianas *Titus* (1999), su debut, y *The Tempest* (2010). Su film más loado fue el biopic de Frida Kahlo, *Frida* (2002) con Salma Hayek. En *Across the Universe*, pese a que la premisa conceptual condiciona el desarrollo de la historia, Taymor hace gala de su inventiva en la utilización de las canciones ampliando su significado o incluso otorgándoles uno nuevo.

La escena final remite al concierto de los Beatles en la azotea del edificio Apple en Let It Be. *A la izquierda de Jude, cantan Sadie (Dana Fuchs) y Jojo (Martin Luthe McCoy)*

ANNETTE

2021. Francia, Alemania y Bélgica. **Prod.:** CG Cinéma y Tribus P. Films. Charles Gilibert y Paul–Dominic Vacharasinthu. **Dir:** Leos Carax. **Guion:** Ron Mael, Russell Mael y Leos Carax, sobre un argumento de Ron Mael y Russell Mael. **Fot.:** Caroline Champetier, en color. **Mont.:** Nelly Quettier. **Mús.:** Ron Mael y Russell Mael. **Canciones:** *So May We Start, We Love Each Other So Much, True Love Always Find A Way, I'm an Accompanist, Aria (The Forest), She's Out of This World!, Six Women Have Come Forward, You Used To Laugh, Girl From the Middle of Nowhere, Let's Waltz in the Storm, We've Washed Ashore–Baby Aria (The moon)–I Will Haunt You, Henry, Premiere Performance of Baby Annette, All the Girls, Stepping Back In Time, Sympathy for the Abyss.* **Dur.:** 141 minutos. **R:** Adam Driver (Henry McHenry), Marion Cotillard (Ann Defrasnoux), Simon Helberg (Acompañante de Ann), Devin McDowell (Annette).

La cantante de ópera Ann (Marion Cotillard) da luz a la portentosa Annette, representada en el film por una marioneta.

ARGUMENTO: Henry McHenry, cómico provocador, y la cantante de ópera Ann Defrasnoux forman una pareja sentimental habitual en los medios de comunicación. La pareja tiene una hija, Annette. Henry tiene un carácter agresivo y provoca la muerte de su mujer. Poco después, descubre un talento musical insospechado en su hija, sin saber que en ella se halla el espíritu vengativo de su difunta esposa.

ORIGEN

Annette es la conjunción de dos mundos creativos, el del director francés Leos Carax (1960) y el del grupo americano Sparks, formado por los hermanos Mael, Russell (1948) y Ron (1945) y caracterizado por la puesta en escena de sus espectáculos. En ellos, un expresivo Russell, vocalista, contrasta con un hierático Ron, teclista. Carax, director de una filmografía escasa –seis largometrajes en 37 años–, pero destacada por libre e inclasificable, ya había utilizado una canción de Sparks en su anterior film, *Holy Motors* (2012): *How Are You Getting Home?*, del álbum *Indiscreet* (1977). El director y los músicos, admiradores mutuos, se conocieron en el Festival de Cannes en el que se presentó ese film y, a su regreso a Estados Unidos, los Mael le enviaron el que iba a ser su próximo álbum, *Annette*, ideado también como espectáculo en el que Russell encarnaría el personaje de Adam Driver, Ron el de Simon Helberg y una cantante de ópera, el de Marion Cotillard. La respuesta de Carax fue que quería convertir *Annette* en su próxima película y junto a los Mael introdujo los cambios necesarios para darle forma. Por ejemplo, la creación de canciones nuevas como *Sympathy for the Abbyss*, la pieza final, o *Girl from the Middle of Nowhere*, que canta Marion Cotillard.

El provocador cómico Henry McHenry desafía a su público en la agresiva y rockera You Used To Laugh (Solíais reír).

CONCEPTO MUSICAL

Las canciones de Sparks son el motor narrativo del film, un cuento perverso que estéticamente se aleja de la luminosidad propia del músical clásico. La extrañeza de la película tiene su máxima expresión en la decisión de Carax de representar a Annette mediante una marioneta y no con un bebé de carne y hueso.

Musical *sung-through*, los temas de *Annette* se suceden con poco espacio para conversaciones naturalistas entre los actores. Destacan, por su importancia, dos de las más de cuarenta que constituyen el film: la enérgica introducción *So May We Start?*, realizada en plano secuencia en que compositores y actores salen del estudio de grabación hacia la calle mientras apremian a empezar el espectáculo, y el tema de amor *We Love Each Other So Much*, cantada en varios momentos del film. Otro momento musical destacado, aunque no una canción al uso, es el soliloquio del personaje de Simon Helberg mientras dirige una orquesta y confiesa su amor por Ann, así como sus sospechas sobre el verdadero motivo de su muerte. Carax se sirve de un travelling circular, cada vez más rápido, según el dolor y la emoción que expresa el actor en su lamento. Uno de los momentos brillantes del film, tanto musicales como de dirección.

Tres de los números musicales más destacados: el brillante prólogo So May We Start? *(¿Comenzamos?) con los actores en primera línea, los hermanos Mael (Sparks) arrodillados en segunda y Carax (con sombrero) al fondo; la climática y furibunda* Let's Waltz Together *(Bailemos juntos un vals) en plena tormenta; y Henry y Ann cantando su amor en moto en* We Love Each Other So Much *(Nos queremos tanto)*

SPARKS Y EL CINE

Annette significa también la primera gran incursión de los Sparks en el medio cinematográfico después de varios intentos infructuosos: una colaboración frustrada con Jacques Tati a mediados de los años setenta en un proyecto llamado *Confusion*, al que pertenecía la canción homónima de su disco *Big Beat* (1976); una adaptación musical del manga *Mai, the Physic Girl* para Tim Burton a principios de los noventa; y la adaptación del álbum *The Seduction of Ingmar Bergman* (2009), que dirigió en teatro en 2011 el canadiense Guy Maddin, designado también para realizar la versión cinematográfica, que no se llegó a hacer.

Además, en 2021, el director Edgar Wright estrenó *The Sparks Brothers*, un apasionante y divertido documental donde los propios hermanos repasan pormenorizadamente su extensa y original trayectoria, a riesgo, eso sí, de acabar con gran parte del misterio que los envolvía.

Paradójicamente, Wright, director de *Baby Driver* (2017) y *Última noche en el Soho* (2021), que menudea en la utilización de canciones en sus películas, nunca había recurrido a temas de los hermanos Mael. En cambio, sí habían sonado canciones de Sparks en films como *Montaña rusa* (1977), de James Goldstone, en la que ellos aparecen interpretando *Big Boy* y *Fil'Er Up* en un parque de atracciones, *Noche de miedo* (1985), de Tom Holland (*Armies of the Night*), *Black Rain* (1989), de Ridley Scott (*Singing in the Shower*) o *Kick-Ass: Listo para machacar* (2010), de Matthew Vaughn (*This Town Ain't Big Enough for the Both of Us*).

Simon Helberg en uno de los mejores momentos de la película: The Conductor.

BANDAS SONORAS

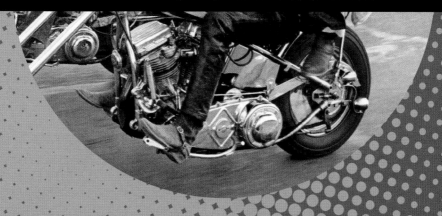

BUSCANDO MI DESTINO
(*Easy Rider*)

1969. Estados Unidos. **Prod.:** Raybert Productions y The Pando Company. Peter Fonda. **Dir.:** Dennis Hopper. **Guion:** Peter Fonda, Dennis Hopper y Terry Southern. **Fot.:** Laszlo Kovacs,, en color. **Mont.:** Donn Cambern. **R.:** Peter Fonda (Wyatt), Dennis Hopper (Billy), Jack Nicholson (George Hanson), Luke Askew (Autoestopista), Phil Spector (Comprador). **Dur.:** 95 minutos.

Los nuevos Billy el Niño (Dennis Hopper) y Wyatt Earp (Peter Fonda) surcan las carreteras americanas en sus caballos motorizados y el rock crea una nueva banda sonora para el paisaje.

Canciones e intérpretes: *The Pusher* y *Born to Be Wild*, Steppenwolf; *The Weight*, The Band; *I Wasn't Born to Follow*, The Byrds; *If You Want to Be a Bird*, The Holy Modal Rounders; *Don't Bogart Me*, Fraternity of Man; *If 6 Was 9*, The Jimy Hendrix Experience; *Let's Turkey Trot*, Little Eva; *Kyrie Eleison*, The Electric Prunes; *It's Alright Ma (I'm Only Bleeding)* y *Ballad of Easy Rider*, Roger McGuinn; y *Flash, Bam Pow*, Electric Flag.

ARGUMENTO: Wyatt y Billy hacen una importante venta de droga. Consiguen un dinero que les permite montarse en sus motos y atravesar Estados Unidos con el objetivo de vivir libremente. Por el camino encuentran a varios personajes que darán forma a las posibilidades reales de cumplir ese sueño.

UTOPÍA AMERICANA

La génesis de esta utopía americana tuvo lugar en el extranjero. Peter Fonda venía de pro- tagonizar dos films de Roger Corman sobre sexo, motos y drogas, *Los ángeles del infierno* (1966) y *El viaje* (1967). En una convención de exhibidores en Canadá a la que Fonda asistió para promocionar esta última, Jack Valenti, de la poderosa Motion Picture Association, que aglutina a las *majors* de Hollywood, instó a los asistentes, mirándole a él, a dejar de hacer películas de «motos, drogas y sexo». En vez de acatar esta directriz Fonda dio esa noche con la idea para una película diferente con los mismos ingredientes: un western de dos motoristas en busca de América. Tuvo claro el final −la trágica muerte de los protagonistas− y llamó a Dennis Hopper, coprotagonista de *El viaje*, para ofrecerle la dirección.

El film, en ocasiones entendido como un relato moral debido al origen delictivo de las ganancias de los protagonistas y su final punitivo, fue un éxito −19 millones de dólares sobre un presupuesto de medio millón− que marcó el camino para una nueva forma de produc- ción en Hollywood. No obstante, si las salas se llenaron de nuevos públicos, no fue por esa lectura conservadora que habría firmado el propio Valenti, sino por la identificación con los protagonistas. «Nadie se había visto nunca retratado en una película. En todos los *love-in*

Los protagonistas conocen en la cárcel a George Hanson (Jack Nicholson), abogado que les señala las adversidades que se van a encontrar en su camino.

[reuniones *hippies* de meditación], la gente fumaba marihuana y tomaba LSD, ¡pero el gran público seguía viendo las películas de Doris Day y Rock Hudson!», decía Dennis Hopper, citado por Peter Biskind.

Esta barrera generacional se plasma en la película. En su viaje por Estados Unidos a través de paisajes áridos, los protagonistas comparten trayecto con gentes de su misma edad e incluso se integran en una comuna, pero también se enfrentan a la hostilidad de los violentos y recelosos lugareños *red-necks*. Son los que representan el miedo a lo nuevo, a lo desconocido, como señala el abogado George Hanson (Jack Nicholson) en un lúcido monólogo, y los que acaban evitando de manera abrupta la consecución del sueño. Sin embargo, la realidad sería más cruel: el film se estrenó en julio de 1969, apenas un mes antes de la masacre perpetrada por la *hippie* familia Manson en la que el sueño se autodestruyó.

ROCK DE CONTRASTE

En lugar de una composición original, la película utiliza canciones rock ya existentes para acompañar a los protagonistas, de nombre legendario [Wyatt (Earp) y Billy (el Niño)], en sus cabalgadas motorizadas por el país. Así la cinta crea una banda sonora nueva para el paisaje americano sustituyendo las baladas country por el rock. «Nadie había usado jamás melodías populares como entera banda sonora», alardea Fonda en sus memorias. En un principio había pensado en contratar a Crosby, Stills & Nash para que compusieran la música, pero desistió cuando comprobó que el primer montaje en bruto, en el que habían utilizado canciones de sus colecciones personales, funcionaba perfectamente. También había hablado con Robbie Robertson, de *The Band*, para que se encargara de la banda sonora, pero se había negado en rotundo. Sin embargo, cuando vio el montaje para su aprobación por el uso de *The Weight*, se ofreció a hacer la banda sonora completa, pero ya era demasiado tarde. Por su parte Bob Dylan se negó a que se utilizara su *It's Alright Ma (I'ts Only Bleeding)*, pero tras mucha insistencia por parte de Fonda aceptó que utilizara las primeras estrofas, pero no las últimas, que eran las que más interesaban al actor-productor. Además, la versión que aparecería no sería la original, sino la de Roger McGuinn, líder de The Byrds, banda de folk-rock, cuyo primer gran éxito había sido una versión del *Mr. Tambourine Man*, de Dylan. Por otra parte, la única canción original, *The Ballad of Easy Rider*, parte de unas estrofas escritas por Dylan para Fonda, que completaría McGuinn. *It's Alright Ma* se oye en los momentos previos al ataque mortal que sufren los protagonistas y *The Ballad*, en los créditos finales.

Roger McGuinn, esta vez con su banda The Byrds, suena en dos ocasiones más con una sola canción, *I Don't Want To Follow*, la única que se repite y que está ligada en el film a la comunidad *hippie* que los acoge: cuando los protagonistas recogen al autoestopista que los lleva al lugar y cuando se bañan desnudos en una alberca con dos de las jóvenes de allí.

En contraste con el folk-rock, destacan las primeras escenas de la película en la que casi sin diálogos entre una y otra se suceden dos piezas del grupo de rock duro Steppenwolf que acompañan la imagen como comentarios sonoros: la canción antidroga *The Pusher* (*El camello*) tras la venta de la mercancía y, durante los créditos iniciales, la icónica *Born to Be Wild* (*Nacidos para ser salvajes*), que se merecería una entrada por sí sola en el libro, con los protagonistas surcando libres las carreteras americanas. Sobre el uso de *The Pusher* –tema original de Hoyt Axton, cantante que en cine es recordado por encarnar al padre del joven protagonista de *Gremlins* (1984), de Joe Dante–, Fonda indicaba que querían presagiar el final trágico, pero que con las imágenes bucólicas del desierto, el público olvidó esa advertencia.

La difícil convivencia entre estos dos estilos de rock, entre lo idílico y lo real, se ejemplifica cuando se enlazan sin transición la tranquila *Don't Bogart Me*, del grupo de nombre elocuente The Fraternity of Man (La fraternidad del hombre), con la contundente *If 6 was 9*, de The Jimmy Hendrix Experience. La primera suena en una plácida y solitaria carretera en la que los protagonistas (junto a Jack Nicholson) se han parado a miccionar para luego avanzar entre prados y cowboys que saludan, pero un brusco salto sonoro la interrumpe y la sustituye por la segunda, acompañada visualmente por hostiles formas de lo que se adivina como un puente metálico y que anuncia la entrada a la ciudad. Enseguida, el cementerio, blancas casas señoriales y, por último, las chabolas de la comunidad negra. La siguiente escena será la de la visita a una cafetería donde los protagonistas son objeto de murmullos y comentarios amenazantes de tapadillo: el inicio de su fin.

Una última nota rock del film la aporta el productor Phil Spector, que aparece como actor al inicio en el papel del comprador de la droga a los protagonistas. Spector ya era a finales de los sesenta uno de los productores musicales más importantes. Su breve papel presagia tímidamente el final real de Spector, que murió en 2021, mientras cumplía condena por el homicidio de la actriz Lana Clarkson.

El productor musical Phil Spector hace un pequeño papel como el comprador de la droga a los protagonistas.

AMERICAN GRAFFITI
(*American Graffiti*)

1973. Estados Unidos. **Prod.:** Universal. Francis Ford Coppola y Gary Kurtz. **Dir.:** George Lucas. **Guion:** George Lucas, Gloria Katz y Willard Huyck. **Fot.:** Ron Eveslage y Jan D'Alquen, en color. **Mont.:** Verna Fields y Marcia Lucas. **R:** Richard Dreyfuss (Curt), Ron Howard (Steve), Charles Martin Smith (Terry), Paul LeMat (John), Cindy Williams (Laurie), Candy Clark (Debbie), Harrison Ford (Bob Falfa). **Dur.:** 110 minutos.

Canciones e intérpretes: *Rock Around the Clock*, Bill Haley and His Comets; *Sixteen Candles*, The Crests; *Runaway*, Del Shannon; *Why Do Fools Fall In Love*, Frankie Lymon and The Teenagers; *Little Darling* y *The Stroll*, The Diamonds; *Maybe Baby* y *That'll Be the Day*, Buddy Holly; *Surfin' Safari* y *All Summer Long*, Beach Boys; *The Great Pretender*, *Smoke Gets in Your Eyes* y *Only You*, The Platters; *Barbara Ann*, The Regents; *You're Sixteen*, Johnny Burnette; *Almost Grown* y *Johnny B. Goode*, Chuck Berry; *I Only Have Eyes for You*, The Flamingos; *Since I Don't Have You*, The Skyliners; *Crying In the Chapel*, Sony Till and the Orioles; *Heart and Soul*, The Cleftones; *Green Onions*, Booker T. And the MG's; *Goodnight Sweetheart, Goodnight*, The Spaniels; *Chantilly Lace*, The Big Bopper; *Fanny Mae*, Buster Brown; *Love Potion Number 9*, The Clovers; *Gee*, The Crows; *Peppermint Twist*, Joey Dee; *Come Go With Me*, The Del–Vikings; *Ain't That a Shame*, Fats Domino; *Teen Angel*, Mark Dinning; *Ya Ya*, Lee Dorsey; *To the Aisle*, The Five Satins; *The Great Imposter*, The Fleetwoods; *Do You Wanna Dance?*, Bobby Freeman; *A Thousand Miles Away*, The Heartbeats; *Party Knox*, Buddy Knox; *Book of Love*, The Monotones; *Get a Job*, The Silhouettes; *See You in September*, The Tempos; *Teen Angel*, Mark Dinning; y *At The Hop*, *She's So Fine* y *Louie, Louie*, Flash and The Continental Kids.

ARGUMENTO: **En el verano de 1962, antes de su marcha a la universidad para iniciar una nueva etapa de su vida, el dubitativo Curt y el decidido Steve pasan la última noche en su pequeña ciudad junto a otros dos compañeros, el torpe Terry y el fanfarrón John, mayor que los demás. Cuatro historias de amores adolescentes, de paseos en coche y de ocios pasajeros que se entrecruzan al ritmo de la música rock que suena desde el programa de radio de Wolfman Jack.**

¿UN MUSICAL?

Tras los resultados modestos de su primer largometraje, la cinta de ciencia ficción *THX 1138* (1971), a George Lucas le costaba arrancar una nueva producción. Por consejo de su esposa Marcia y de su amigo Francis Ford Coppola decidió apostar por un proyecto que hablara de algo personal que conociera bien. Para ello, Lucas se retrotrajo a su adolescencia en su ciudad natal, Modesto, en California. «Vengo a ser todos ellos. Todos eran personajes compuestos, inspirados en mi vida y en la de amigos míos», dijo Lucas respecto a los cuatro amigos protagonistas en declaraciones citadas por su biógrafo Brian Jay Jones. La cinta está plagada de detalles pintorescos que denotan la autenticidad de lo narrado, paseos en coche por la carretera principal, intentos de ligar con chicas y la omnipresencia de música rock. Esto último es lo que llevaba al futuro creador del universo *StarWars* a presentar el proyecto

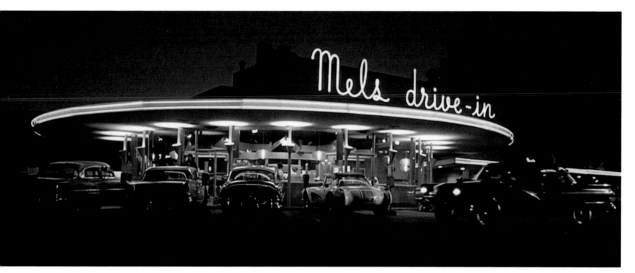

como un musical: «*American Graffiti* es un musical. En él hay canciones y baile, pero no es un musical en el sentido tradicional, porque los personajes de la película no bailan ni cantan». Pese a ello, Lucas tenía claro qué canciones tenían que sonar en cada escena y elaboró una lista de tres por escena por si fallaba alguna a la hora de comprar los derechos, una de las tareas difíciles para una película con un presupuesto limitado de 750.000 dólares. No pudo conseguir ninguna canción de Elvis, pero el sí de los Beach Boys, propiciado por la amistad entre el productor Gary Kurtz y el batería del grupo Dennis Wilson, facilitó la compra de las demás piezas. Todo ello por 90.000 dólares.

ROCK

La relacion del film con el rock se evidencia desde los títulos de créditos en los que suena, como declaración de principios, *Rock Around the Clock*, de Bill Haley, la primera canción rock que se oyó en el cine, en los créditos de *Semilla de maldad*. Incluso Coppola, como productor, propuso que el film se llamara *Rock Around the Block*, pero Lucas no cedió: el título *American Graffiti* transmitía la idea de estampa fugaz sobre la América de un tiempo determinado, el anterior al asesinato de Kennedy. A lo largo del metraje el flujo incesante de canciones se vehicula por dos vías distintas. Por una parte, un baile de instituto en la que canta el grupo ficticio Herby and The Heartbeats (en realidad, Flash Cadillac & The Continental Kids, banda retro de rock'n'roll creada en 1969), que interpreta su canción propia *She's So Fine* y versiones de *At the Hop*, de Danny & The Juniors, y *Louie, Louie*, original de Richard Berry de 1957. Además, en ese escenario Steve y su novia Laurie bailan, en pleno enfado, *Smoke Gets In Your Eyes*.

Por otra, la más importante, el film utiliza la figura de Wolfman Jack, emblemático y misterioso locutor radiofónico de los años sesenta que se interpreta a sí mismo, incluida una importante escena junto a Curt, y que sería visto por primera vez en una pantalla por la audiencia. Sus emisiones ensamblan el conjunto ya que todos los personajes escuchan el programa en sus coches y una misma canción forma parte del fondo sonoro de escenas separadas

Mel's Drive-in, punto de encuentro de los jóvenes protagonistas. El film se inicia con esta imagen al ritmo de Rock Around the Clock, *de Bill Haley and His Comets.*

El fanfarrón John (Paul Le Mat), Laurie (Cindy Williams) y su novio Steve (Ron Howard), algunos de los personajes de la película.

que suceden al mismo tiempo en lugares distintos, como, por ejemplo, la secuencia final en la que concluyen las historias al son del *Only You*, de The Platters.

American Graffiti es una de las primeras películas que utiliza las canciones rock con una intencionalidad narrativa y llegan a dialogar con las imágenes, en ocasiones, de manera irónica. Así, suena y con volumen aumentado *Johnny B. Goode*, cuyo título exhorta al buen comportamiento, mientras John y su acompañante, una chica de trece años interpretada por Mackenzie Phillips, hija de John Philips, de The Mamas and & The Papas, pinchan las ruedas y rocían con espuma los cristales de un coche rival. Más tarde, cuando John, con el objetivo de sonsacarle la dirección para dejarla en casa, algo a lo que se había negado la niña fiestera, hace ver que quiere seducirla, se oye *You're Sixteen* [Tienes 16 años], de Johnny Burnette, que suena a irónica represión.

El film, que concluye en sus créditos finales con el *All Summer Long*, de Beach Boys, fue un éxito que recaudó 55 millones de dólares, posibilitó que Lucas realizara *La guerra de las galaxias*, generó una secuela (*Más American Graffiti*, 1979, de Bill Norton, con canciones de Supremes, Stevie Wonder, Bob Dylan o Paul Simon) e inspiró *Días felices*, protagonizada por Ron Howard, Steve en el film y ambientada en los años cincuenta. Se suele calificar la película de nostálgica. Sin embargo, el film, censura el estancamiento. La música rock en *American Graffiti* representa una época pasada que no volverá y que ha de ser superada para que los personajes avancen.

El coche, a través de la radio, como lugar para la música rock. El torpe Terry (Charles Martin Smith) intenta ligar con Debbie (Candy Clark) en una de las historias más divertidas del film, nominado al Oscar en cinco categorías, entre ellas, película, director y actriz secundaria (Clark).

LOS AMIGOS DE PETER
(*Peter's Friends*)

1992. Reino Unido. **Prod.:** BBC, Channel Four Films y Reinassance Films. Kenneth Branagh y Martin Bergman. **Dir.:** Kenneth Branagh. **Guion:** Rita Rudner y Martin Bergman. **Fot.:** Roger Lanser, en color. **Mont.:** Andrew Marcus. **R:** Stephen Fry (Peter Morton), Kenneth Branagh (Andrew Benson), Hugh Laurie (Roger Anderson), Imelda Staunton (Mary Anderson), Emma Thompson (Maggie Chester), Alphonsia Emmanuel (Sarah Johnson). **Dur.:** 96 minutos.

Canciones e intérpretes: *Everybody Wants To Rule the World*, Tears For Fears; *My Baby Just Cares For Me*, Nina Simone; *You're My Best Friend*, Queen; *Girls Just Want To Have Fun*, Cindy Lauper; *Hungry Heart*, Bruce Springsteen; *What's Love Got To Do With It*, Tina Turner; *Don't Get Me Wrong*, Pretenders; *Give Me Strength*, Eric Clapton; *Let's Stay Together*, The Pasadenas; *Rio*, Michael Nesmith; y *As the Days Go By*, Daryl Braithwaite.

ARGUMENTO: Peter cita en su casa de campo, recién heredada, a sus amigos de juventud para celebrar el Año Nuevo. Han pasado una década desde que en 1982 hicieran su última actuación como grupo teatral y el destino les ha deparado futuros inesperados. Andrew se ha convertido en guionista de una exitosa, pero insustancial *sitcom* americana, Mary y Roger han formado una familia, pero con una tragedia todavía no superada, Sarah va de hombre casado en hombre casado y Maggie busca en Peter una solución a su soledad.

REENCUENTROS

Si *American Graffitti* utilizaba las canciones rock para ilustrar un momento presente de los amigos protagonistas, la compilación de canciones rock (y pop y soul) se ha utilizado en el cine repetidamente para ilustrar las reuniones de amigos tras un largo tiempo sin verse. La primera película en hacerlo fue *Reencuentro* (1983), de Lawrence Kasdan, en la que la trágica

Las reuniones de amigos son una buena excusa para compilar clásicos rock en una banda sonora. De izquierda a derecha, Rita Rudner (Carol), Andrew (Kenneth Branagh), Sarah (Alphonsia Emmanuel), Brian (Tony Slattery), Maggie (Emma Thompson), Mary (Imelda Staunton), y Roger (Hugh Laurie).

excusa para volver a juntar a los amigos (Glenn Close, Kevin Kline, Jeff Goldblum,...) era el suicidio de uno de ellos. Kasdan recurrió a clásicos soul como *I Heard It Through the Grapevine* (Marvin Gaye), *My Girl* (The Temptations) o *You Make Me Feel Like a Natural Woman* (Aretha Franklin) y clásicos rock como *The Weight* (The Band), *Wouldn't It Be Nice* (The Beach Boys) o *Bad Moon Rising* (Creedence Clearwater Revival). Sin embargo, su uso resulta indiscriminado, con alguna excepción como *You Can't Always Get What You Want* (Rolling Stones), tocada en el funeral por ser una de las canciones favoritas del difunto. Así, Kasdan llega a enlazar piezas con evidente intención comercial, lo que acaba pervirtiendo el uso de la música en el film. Algo parecido sucede con la francesa *Pequeñas mentiras sin importancia* (2010) de Guillaume Canet, salida vacacional entre amigos (François Cluzet, Marion Cotillard, Benoît Magimel,...), repleta de rock como *Are You Gonna Be My Girl* (Jet), *Fortunate Son* (Creedence Clearwater Revival), *Holding Out For a Hero* (Bonnie Tyler) o la antes citada *The Weight*.

El anfitrión Peter (Stephen Fry) con dos de sus invitadas, Carol y Maggie.

EL ROCK COMO IRONÍA

Los amigos de Peter, en cambio, presenta una selección más corta, se centra en la música rock —salvo algunas excepciones como el soul de The Rascals y el jazz de Nina Simone— y la aplica de manera más racional, determinada especialmente por los títulos de las piezas. Así, los créditos inciales, un resumen fotográfico de los hechos históricos de los diez años que separan el prólogo con el resto del metraje, van acompañados del *Everybody Wants to Rule the World* (*Todos quieren gobernar el mundo*) de los británicos Tears for Fears hace referencia tanto a las noticias políticas que aparecen como a las aspiraciones de los protagonistas en su juventud, confrontadas con la realidad a la que asistirá el espectador.

Exceptuando las escenas primeras en las que Branagh enlaza canciones en la presentación de personajes —*My Baby Just Cares For Me* (*Mi pareja solo se preocupa por mí*) como apunte irónico de la pasión de Sarah y su nuevo ligue, *You're My Best Friend* (*Tú eres mi mejor amigo*) con la aparición del anfitrión Peter y *Girls Just Want To Have Fun* (*Las chicas solo quieren divertirse*) que ilustra las primeras horas en la casa y un malentendido con la esposa de Andrew, diva de la televisión, que ocupa como propia la habitación de Peter—, el director solo va a utilizar las canciones como transiciones entre largos fragmentos conversacionales.

Emma Thompson y Hugh Laurie en una escena del film.

Los títulos de las canciones van a ejercer de comentarios irónicos a lo visto en pantalla. Así, en la primera cena suena *Don't Get Me Wrong* (*No me malinterpretes*), de The Pretenders, a la vez que vemos a Maggie intentando ligar bajo mesa con su amigo Peter sin que este se dé cuenta de sus intenciones reales. Igualmente oímos *What's Love Got to Do With It* (*¿Qué tiene que ver el amor con eso?*), de Tina Turner, cuando Carol, la estrella de televisión, se escapa de su dormitorio de madrugada a la cocina y arrasa con lo que hay en la nevera, tras una discusión marital provocada por sus celos. Más tarde suena *Give Me Strength* (*Dame fuerza*) de Eric Clapton, en el momento que la misma Carol hace ejercicio para perder el peso ganado.

FORREST GUMP
(*Forrest Gump*)

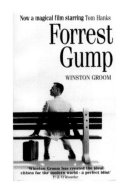

1994. Estados Unidos. **Prod.:** Paramount. Wendy Finnerman, Steve Tisch y Steve Starkey. **Dir.:** Robert Zemeckis. **Guion:** Eric Roth, basado en la novela homónima (1986), de Winston Groom. **Fot.:** Don Burgess, en color. **Mús.:** Alan Silvestri. **Mont.:** Arthur Schmidt. **R.:** Tom Hanks (Forrest Gump), Robin Wright (Jenny Curran), Gary Sinise (Dan Taylor), Mykelti Williamson (Bubba Blue), Sally Field (Sra. Gump), Michael Conner Humphreys (Forrest niño). **Dur.:** 142 minutos.

Canciones e intérpretes: *Lovesick Blues*, Hank Williams; *Hound Dog*, Elvis Presley; *Rebel Rouser*, Duane Eddy; *I don't Know Why But I Do*, Clarence Frogman Henry; *Walk Right In*, The Rooftop Singers; *Sugar Shack*, Jimmy Glimmer and The Fireballs; *Hanky Panky*, Tommy James & The Shondells; *Land of 1000 Dances*, Wilson Pickett; *Fortunate Son*, Creedence Clearwater Revival; *I Can't Help Myself*, The Four Tops; *Respect*, Aretha Franklin; *Rainy Day Women*, Bob Dylan; *Slopp John B*, The Beach Boys; *All Along The Watchtower* y *Hey, Joe*, The Jimi Hendrix Experience; *Soul Kitchen, Hello, I Love You, People Are Strange, Break On Through (To the Other Side)* y *Love Her Madly*, The Doors; *California Dreamin'*, The Mamas and The Papas; *For What It's Worth*, Stephen Stills; *What the World Needs Now is Love*, Jackie DeShannon; *Mrs. Robinson*, Simon & Garfunkel; *Volunteers*, Jefferson Airplane; *Let's Get Together*, The Youngbloods; *San Francisco*, Scott McKenzie; *Turn, Turn, Turn!*, The Birds; *Aquarius*, The 5th Dimension; *Joy to the World*, Three Dog Night; *Everybody's Talkin'*, Harry Nilsson; *Stoned Love*, The Supremes; *Let's Work Together*, Canned Heat; *Raindrops Keep Fallin' on My Head*, B. J. Thomas; *Tie A Yellow Ribbon 'Round the Ole Oak Tree*, Tony Orlando & Dawn; *Get Down Tonight*, KC & The Sunshine; *Free Bird* y *Sweet Home Alabama*, Lynyrd Skynyrd; *Mr. President*, Randy Newman; *It Keeps You Runnin'*, The Doobie Brothers; *Running On Empty*, Jackson Browne; *I've Got to Use My Imagination*, Gladys Knight & The Pips; *Go Your Own Way*, Fleetwood Mac; *On The Road Again*, Wilie Nelson; *Against The Wind*, Bob Seger & The Silver Bullet Band.

La vida es como una caja de bombones, *frase célebre de Forrest Gump (Tom Hanks).*

ARGUMENTO: Pese a poseer un bajo coeficiente intelectual, Forrest Gump consigue destacar a lo largo de su vida gracias a su bondad, inocencia y compromiso hasta el punto de ser recibido por diferentes presidentes de los Estados Unidos en las décadas de los sesenta y setenta. Es la crónica de la vida extraordinaria de un hombre corriente que ha tenido un papel relevante en los acontecimientos más importantes de la historia americana del siglo xx, desde la guerra de Vietnam hasta el escándalo Watergate.

CRÓNICA HISTÓRICOMUSICAL

Basada en la novela del mismo título de Winston Groom, *Forrest Gump* se convirtió en un exitoso film galardonado con seis Oscars, entre ellos, película, director y actor; poco después Groom publicaría la segunda parte, *Gump & Co*, sobre la vida de Forrest en la década de los ochenta. Popular en su momento por unos efectos digitales innovadores por medio de los cuales se podía ver interactuar en imágenes de archivo al protagonista con personalidades fallecidos como John Lennon o el presidente Kennedy, *Forrest Gump* destacó también por una banda sonora repleta de canciones exitosas, compilación de la que resultó un doble CD plagado de canciones (aunque no todas) y en el que la espléndida banda sonora instrumental de Alan Silvestri, compositor habitual de Robert Zemeckis, quedaba relegada a una suite de apenas siete minutos.

A pesar de la operación comercial –el doble álbum vendió doce millones de copias– , el uso que hace el film de Zemeckis de canciones preexistentes es ejemplar. El periplo de dos décadas y media –desde la mitad de los cincuenta hasta 1982– es acompañado de más de cuarenta canciones que convierten el film en una historia visual del rock y, a su vez, sitúan ese estilo de música como la banda sonora de Estados Unidos de la segunda mitad del siglo XX. No por casualidad el supervisor musical fue Joel Sill, productor de la banda sonora de *Easy Rider*. Esta concepción es original de la película, una de las muchas diferencias con la novela. De hecho, el primer suceso destacable en la vida del Forrest cinematográfico es una invención del guion, que incluye a un joven y desconocido Elvis Presley entre los inquilinos en la casa familiar, en quien Forrest tendrá una notable influencia: el característico movimiento de cadera y piernas del rockero sería, según el film, una copia de la manera de andar del Forrest niño, obligado por una malformación a llevar protésis metálica.

A partir de ahí, y aunque antes había sonado, de manera diegética, el country *Lovesick Blues*, de Hank Williams, los grandes acontecimientos históricos van a ir acompañados de éxitos reconocibles del rock y de la música popular.

USO EJEMPLAR

A diferencia de otros films que dejan las canciones enteras para disfrute auditivo de la audiencia, en Forrest Gump, basta a veces un pequeño fragmento para situar el contexto y disparar la memoria de sentimental del espectador sin que la música ahogue el ritmo o alargue innecesariamente la escena. Así, en los primeros cuatro minutos en los que la acción tiene lugar en Vietnam se oyen seis canciones: la canción antibélica por antonomasia *Fortunate Son* (*Hijo afortunado*), de la Creedence Clearwater Revival, para la llegada en helicóptero de Forrest y su amigo Bubba; el soul *I Can't Stop Myself*, de The Four Tops, para un momento distendido en tierra entre los soldados; el *Respect*, de Aretha Franklin, como presentación del Teniente Dan, a cuyas órdenes van a estar y en cuya presencia se oyen «después» unos pocos segundos del *Rainy Day Women*, de Bob Dylan, que se confunden con sonido ambiente de fondo y, más nítidamente, *Sloop John B*, de Beach Boys (donde se canta el verso *I want to go home/Quiero ir a casa*), con el

Forrest Gump es la crónica de la vida extraordinaria de un hombre corriente que ha tenido un papel relevante en los acontecimientos más importantes de la historia americana del siglo XX.

teniente en una letrina a punto de defecar mientras alertan a los recién llegados de los peligros que corren; y, por último, en la escena siguiente suena *All Along the Watchtower* (*A lo largo de la torre de vigilancia*), de Jimi Hendrix Experience, con la patrulla transitando cautelosa un camino despejado.

Frente a la contienda, el sonido del *flower power* también tiene cabida con títulos clásicos como el *San Francisco*, de Scott Mackenzie, el *California Dreamin'*, de The Mamas & The papas (cuando Jenny, el amor imposible de Forrest, se va en una furgoneta con amigos), o el himno *hippie Aquarius*, original de la obra *Hair*.

Como ya se ha visto en el pasaje de Vietnam, hay en el uso de las canciones un discurso irónico, a veces divertido —suena el *People is Strange* (*La gente es rara*), de The Doors, cuando se cuentan los triunfos de Forrest con el tenis de mesa—, pero sobre todo hiriente, que ejerce de contrapunto a la mirada amable de Forrest: en el reencuentro con el ahora hemipléjico Teniente Dan, Forrest camina junto a él, que va en silla de ruedas, por las calles de Nueva York mientras suena el *Everybody's Talkin'*, de Harry Nilsson, tema central del film *Cowboy de medianoche*. Remite de esta manera a la pareja protagonista de aquella —un apuesto gigoló (John Voight) y un timador lisiado (Dustin Hoffman)— en una versión post-Vietnam más doliente. Igual de implacable es la reaparición de Jenny adulta, aspirante a cantante, en un club de striptease interpretando desnuda *Blowin' in the Wind*, la canción protesta de Bob Dylan.

En la parte final de la cinta, cuando se centra el reencuentro último relación con Jenny, las canciones cesan, por lo que la mirada histórica desaparece, domina la partitura de Silvestri y el relato se vuelve más íntimo y personal.

MARÍA ANTONIETA
(*Marie Antoinette*)

2006. Estados Unidos. **Prod.:** American Zoetrope y RK Films. Ross Katz y Sofia Coppola. **Dir.:** Sofia Coppola. **Guion:** Sofia Coppola, basado en el libro *María Antonieta: La última reina* (2001), de Antonia Fraser. **Fot.:** Lance Acord, en color. **Mús.:** Dustin O'Halloran. **Mont.:** Sarah Flack. **R.:** Kirsten Dunst (María Antonieta), Jason Schwartz-mann (Luis XVI), Marianne Faithfull (María Teresa de Austria), Judy Davis (Condesa de Noailles), Steve Coogan (Embajador Mercy), Asia Argento (Condesa Du Barry). **Dur.:** 123 minutos.

Canciones e intérpretes: *Natural's Not in It*, Gang of Four; *The Melody of a Fallen Tree*, Windsor for the Derby; *I Don't Like It Like This*, *Pulling Our Weight* y *Keen On Boys*, The Radio Dept; *Jynweythek Ylow* y *Avril 14th*, Aphex Twin; *Fools Rush In*, *I Want Candy* y *Aphrodisiac*, Bow Wow Wow; *Hong Kong Garden*, Siouxsie and the Banshees; *Plainsong* y *All Cats Are Grey*, The Cure; *Ceremony*, New Order; *Tommib Help Buss*, Squarepusher; *Kings of the Wild Frontier*, Adam and the Ants; *What Ever Happened*, The Strokes; e *Il secondo giorno*, Air.

ARGUMENTO: Antes de cumplir 18 años, la princesa María Antonieta de Austria es casada con el delfín de Francia, también adolescente y futuro Luis XVI, para fortalecer los lazos entre los dos naciones. Para que la relación se consolide, María Antonieta ha de dar un hijo a su marido, pero eso no sucede porque el matrimonio no se consuma por timidez del heredero.

UNA ROCKERA DEL SIGLO XVIII

El cine de Sofia Coppola destaca por su interés por personajes femeninos, habitualmente adolescentes o jóvenes adultas, de clase social acomodada, una suerte de pulsión autobiográfica. De hecho, ella nació en pleno rodaje –mayo de 1971– de *El padrino*, el film que consagraría a su padre, Francis Ford, como uno de los cineastas más importantes del Nuevo Hollywood.

En su tercera película, *María Antonieta*, después de *Las vírgenes suicidas* (1999) y *Lost In Translation* (2003), Sofía Coppola se fijó en una figura histórica del siglo XVIII a la que retrató como una adolescente contemporánea (de clase alta). Como muchacha obligada a abandonar el hogar, una llorosa María Antonieta deja atrás amigas y mascota, y pasa el abundante tiempo libre entre lujo, un variado fondo de armario y delicias reposteras. Pese a la exquisita y detallada ambientación –el film ganó el Oscar al mejor diseño de vestuario–, la directora, igual que el australiano Baz Luhrmann, exuberante y barroco en *Moulin Rouge* (2001) o *El gran Gatsby* (2013), recurrió a la anacronía sonora y eligió temas musicales del siglo XX para representar las emociones de esa adolescente austríaca que se convirtió en reina de Francia antes de cumplir los 20 años. De este modo, Coppola humaniza un personaje lejano en el tiempo y lo identifica con las adolescentes de siglos posteriores.

Coppola retrata a María Antonieta como una adolescente de clase alta que pasa el abundante tiempo libre entre el lujo, un variado fondo de armario y delicias reposteras.

CANCIONES NEORROMÁNTICAS

Sin embargo, la cineasta no utilizó canciones de la época en que dirigió el film, inicios del siglo XXI, sino la música que ella escuchaba cuando tenía aquella edad. «Pensé desde el principio en utilizar música contemporánea. No sentí que la música clásica evocase el mismo sentimiento. Principalmente quería mostrar que eran adolescentes y asociaba esa música con mis años de adolescencia. Quería que fuera como esos vídeos de Adam Ant [ataviado de trajes de piratas del siglo XVIII] que me gustaban de cría», contaba en un reportaje de la revista *Vogue* en octubre de 2021 por el 15º aniversario del film. Por otra parte, en una entrevista realizada por su madre, Eleanor Coppola, que se distribuyó como material de prensa en el estreno de la cinta en el Festival de Cannes, Coppola hija aseguraba que la película «no es una lección de historia, sino una interpretación documentada, aunque con la intención de tratar el tema de manera diferente. He intentado incorporar el espíritu neorromántico de Bow Wow Wow o Adam Ant. Su visión del siglo XVIII es muy particular, más cercana al lado decadente y colorista, entre el dandismo y el clasicismo. Un punto de vista lúdico que encontré adecuado a los personajes adolescentes». Así, la canción *Kings of the Wild Frontier* (1980), de Adam & the Ants, suena en la escena de sexo extramatrimonial de María Antonieta con el conde Fersen, encarnado en su debut por

Jason Schwartzman, primo de Sofia Coppola, interpreta al Delfín de Francia, con el que María Antonieta tarda en congeniar.

Jamie Dornan, luego popular por *50 sombras de Grey*. Igualmente, Coppola se sirve en tres ocasiones de Bow Wow Wow, formación derivada de la anterior, pero que sustituyó a Adam Ant por la joven Annabella Lwin, de 13 años: *Aphrodisiac*, cuando Maria Antonieta ve por primera vez a Fersen en el carnaval, una alegre y sambera versión del clásico de 1940 *Fools Rush In*, en su posterior regreso a palacio, y *I Want Candy*, cuyo título (*Quiero dulces*) se adecúa a una secuencia de diversión después de llorar por las habladurías provocadas por su falta de descendencia.

UNA HISTORIA FEMINISTA

En este sentido es interesante destacar que Bow Wow Wow no es la única formación líderada por una mujer incluida en la banda sonora: la oriental *Hong Kong Garden*, del grupo postpunk Siouxsie and the Banshees (de la londi-

El film obtuvo el Oscar a mejor vestuario.

nense Susan Daillion), suena en la escena de la llegada de la protagonista al carnaval. La inclusión de dos bandas con mujeres vocalistas arropa la mirada femenina y feminista sobre el personaje principal: la adolescente María Antonieta es la víctima de habladurías y críticas en la corte por la falta de descendencia, algo que, en realidad, solo imputable al joven Delfín, que aplaza constantemente el momento de la consumación. Así, la película, dirigida y

escrita por una mujer, sobre una mujer histórica, basada en el libro de una historiadora y con canciones de voces femeninas, reclamaba un cambio de punto de vista en la manera de abordar la Historia.

ENERGÍA PUNK

La selección de canciones fue realizada por el habitual colaborador de la directora en esas lides Brian Reitzell, antiguo baterista de la banda punk Redd Kross, quien le proporcionó dos cintas con un total de 40 piezas. Reitzell consiguió que los artistas finalmente elegidos rebajaran sus pretensiones económicas para estar en la banda sonora del film. Incluso Robert Smith, de The Cure, escribió a su discográfica para que se redujeran los *royalties* de los dos temas utilizados, *All Cats Are Grey*, en los créditos finales, y *Plainsong*, en la escena de la

Segunda colaboración de Sofia Coppola y Kirsten Dunst, después de que esta protagonizara el debut de la directora, Las vírgenes suicidas *(1999). Volverían a trabajar juntas en* The Bling Ring *(2013)* y La seducción *(2017).*

Lisztomanía *(1975),*
de Ken Russell, con
Roger Daltrey como
protagonista, influencia
para Sofia Coppola.

coronación. «No es fácil decir porque escogí una canción para una escena y no otra. A veces era una elección natural. Por ejemplo, *Ceremony*, de New Order, en la escena del cumpleaños de María Antonieta, se corresponde con el sentido de ese momento, gozoso, pero tintado de melancolía. El espectador sabe que no harán festejos por mucho tiempo más», decía Sofia a Eleanor. «Crecí con bandas como New Order o The Cure. Fue emocionante utilizarlas en ese contexto. La imagen de apertura está basada en una fotografía de Guy Bordin de una mujer tendida de espaldas con una doncella a sus pies. La intención era presentar a la reina mediante esta idea decadente que tenemos de ella. La canción *Natural's Not In It*, de Gang of Four, se utiliza ahí para encarnar esa energía punk y establecer el tono de la historia», explicaba la directora a *Vogue*.

Si bien la peculiaridad distintiva de la película es la utilización de música rock (punk, postpunk, New Romantics, el dream pop del dúo versallés Air,...), también incluye, como parte del ambiente de la corte, piezas clásicas de Antonio

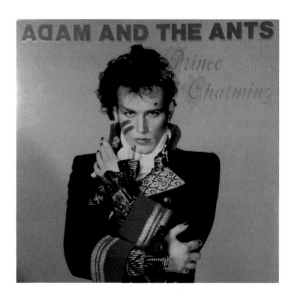

La estética y la música
de Adam and the Ants
influyeron la directora.
Portada del disco Prince
Charming *(1981),*
último álbum antes de
su desintegración y del
inicio de la carrera en
solitario del vocalista.

Vivaldi, Domenico Scarlatti o Jean-Philippe Rameau, que sirven de contraste con el retrato íntimo que dibujan las piezas contemporáneas mencionadas. Por otra parte Sofia Coppola, en la conversación maternofilial, citaba como referencia el film *Lisztomanía* (1975), de Ken Russell, en el que el compositor romántico Franz Liszt, encarnado por Roger Daltrey (The Who), era tratado como una estrella de rock: «Era una película que no respetaba ni los códigos ni las reglas. El conjunto poseía ese aspecto decadente e irrespetuoso que me convenía. Busqué esa forma de libertad».

*Jamie Dornan, futuro
protagonista de la erótica*
Cincuenta sombras de
Grey *(2015), debutó en
cine en el film de Sofia
Coppola como amante de
María Antonieta.*

ÉRASE UNA VEZ EN... HOLLYWOOD
(*Once Upon A Time In... Hollywood*)

2019. Estados Unidos. **Prod.:** Heyday Films. David Heyman, Shannon McIntosh y Quentin Tarantino. **Dir.:** Quentin Tarantino. **Guion:** Quentin Tarantino. **Fot.:** Robert Richardson, en color. **Mont.:** Fred Raskin. **R.:** Leonardo Di Caprio (Rick Dalton), Brad Pitt (Cliff Booth), Margot Robbie (Sharon Tate), Al Pacino (Marvin Schwarz), Margaret Qualley (Pussycat), Bruce Dern (George Spahn). **Dur.:** 153 minutos.

Canciones e intérpretes: *Treat Her Right*, Roy Head & The Traits; *Mrs Robinson*, Simon & Garfunkel; *The Letter*, Joe Cocker; *Summertime*, Billy Stewart; *Ramblin' Gamblin' Man*, Bob Seger; *Hector*, The Village Callers; *MacArthur Park*, Robert Goulet; *The House That Jack Built*, Aretha Franklin; *Paxton Quigey Had the Course*, Chad & Jeremy; *Hush* y *Kentucky Woman*, Deep Purple; *Son of A Lovin' Man*, Buchanan Brothers; *Choo Choo Train*, The Box Tops; *Good Thing*, *Hungry*, *Theme From It's Happening* y *Mr. Sun, Mr. Moon*, Paul Revere & The Raiders; *Time For Livin'*, The Association; *The Circle Game*, Buffy Saint-Marie; *Jenny Take A Ride*, Mitch Ryder & The Detroit Wheels; *Can't Turn You Loose*, Otis Redding; *Soul Serenade*, Willie Mitchell; *Bring A Little Lovin'*, Los Bravos; *Brother Love's Traveling Salvation Show*, Neil Diamond; *Hey Little Girl*, Dee Clark; *Victorville Blues*, Harley Hatcher Combo; *Don't Chase Me Around*, Robert Corff; *California Dreamin'*, José Feliciano; *Straight Shooter*, Samantha Robinson; *Out Of Time*, The Rolling Stones; *Twelve Thirty (Young Girls Are Coming To The Canyon)*, The Mamas and The Papas; *Snoopy vs. Red Baron*, The Royal Guardsmen; y *You Keep Me Hangin' On*, Vanilla Fudge.

Pese a que Brad Pitt ganó el Oscar como secundario por el film, Rick Dalton (Leonardo Di Caprio) y Cliff Booth (Pitt) son los inseparables coprotagonistas de Érase una vez en... Hollywood.

ARGUMENTO: En el año *hippie* de 1969, el actor televisivo Rick Dalton, que siempre va acompañado de su doble de acción, Cliff Booth, ve cómo su carrera se está estancando. Vive en Hollywood, al lado de las estrellas –literalmente: es vecino del director Roman Polanski y su esposa, la actriz Sharon Tate–, pero no deja de ser un secundario de la televisión. El productor Marvin Schwarz le aconseja que vaya a Europa a hacer spaghetti-westerns. Los tiempos cambian. Y no solo para él.

UNA BANDA SONORA DIFERENTE

Quentin Tarantino presenta en *Érase una vez en... Hollywood* una selección musical distinta a las de sus películas anteriores. Conocido, entre otras cosas, por la utilización libérrima, sorprendente y variada de las canciones y temas instrumentales que acompañan las imágenes de sus obras, el director de Knoxville impuso (a él mismo y a su supervisora musical, Mary Ramos) la norma de no utilizar canciones posteriores al año 1969, en el que se sitúa la acción. Hay alguna ligera licencia, como sucede con *The Letter* –el original de The Box Tops es de 1967, pero en el film se oye la versión que hizo Joe Cocker en 1970– o *Don't Chase Me Around* –tema extraído de la película de 1970 *Gas-s-s-s*, de Roger Corman, y que suena de manera extradiegética en la pelea de Booth en el rancho Spahn. Pese a ello, la norma general apela a la captación de la realidad del momento, cuestión que contrasta con otras decisiones narrativas, tanto en esta como en otras cintas anteriores suyas, pero que permite calificar esta obra como su película más personal. En ella reproduce el Los Angeles de su infancia, ciudad a la que se había mudado con su madre en 1965; tenía seis años en agosto de 1969, fecha del asesinato de Sharon Tate a manos de la familia Manson.

EL MODELO LUCAS

Si en *Pulp Fiction* o *Jackie Brown*, la banda sonora evocaba unos contextos pretéritos a los acontecimientos relatados –la california del surf pop en la primera; la *blaxploitation* de los años setenta, en la segunda– y en *Malditos bastardos*, la voz de David Bowie enmarcaba a la protagonista de manera anacrónica en plena II Guerra Mundial, aquí Tarantino recurre al

Muchas de las canciones de la banda sonora se vehiculan en el film a través de los trayectos de Cliff Booth por la ciudad.

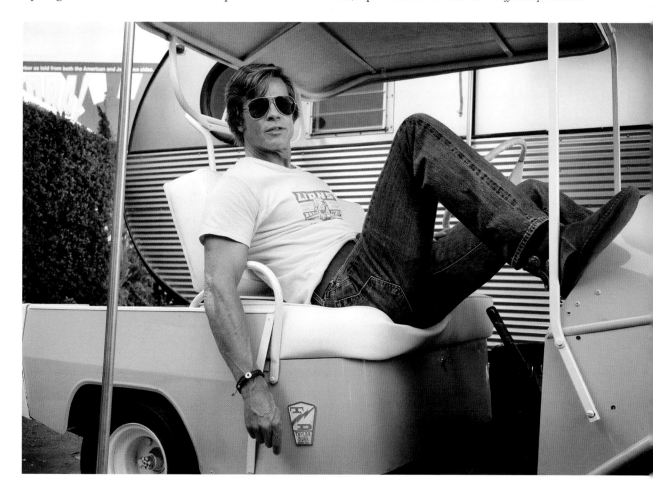

Leonardo DiCaprio canta Green Door *en la aparición de Rick Dalton en el programa musical* Hullabaloo *(1965/66) de la NBC.*

modelo planteado por George Lucas en *American Graffiti*: la radio musical como garante de la actualidad de aquel momento y la veracidad. Igual que en aquella, muchas de las canciones suenan desde los autos de los protagonistas, especialmente, el de Booth. Tarantino cuela incluso anuncios de la época y grabaciones originales de los locutores, como cuando oímos al histórico Don Steele, justo antes del *Bring a Little Lovin'*, de los españoles Los Bravos.

Y no solo a través de la radio, sino también en las emisiones televisivas, a través de programas de actuaciones musicales de la época. Así cuando Cliff Booth entra en el rancho Spahn, donde habita la familia Manson, y una de sus integrantes, encarnada por Dakota Fanning, custodia una de las viviendas se ve en la televisión a Paul Revere & The Raiders cantando *Mr. Sun, Mr Moon* en *It's Happening*, programa de los años 1968 y 1969 que, además, presentaban Revere y Mark Lindsay, teclista y vocalista de la formación, respectivamente.

Este grupo es el protagonista musical sorpresa de la cinta, ya que suena en dos momentos más. Populares en aquella década por sus apariciones televisivas, fueron primero la banda permanente del programa *Where the Action Is*, presentado por Dick Clark en 1965. En el film suenan, además de en lo referido, cuando Sharon Tate pone en su casa el disco *The Spirit of 67*'y se oyen los temas *Good Thing* y *Hungry* antes de que aparezca Charles Manson preguntando por un tal Terry. Se refiere a Terry Melcher, hijo de Doris Day y productor del grupo, que había vivido antes, con Lindsay, en la casa Tate y Polanski. Círculo cerrado.

LA CANCIÓN ESTRELLA

De la banda sonora se colige que el rock es, para Tarantino, lo que define socialmente aquella época de cambios, esperanza y frustración. Incluso dos temas originales de otros estilos aparecen en su versión rockera: *Kentucky Woman*, creación de Neil Diamond de 1967, versionada al año siguiente por Deep Purple y que suena unos segundos en el coche de Booth cuando llega a casa de Dalton para reparar su antena, y, sobre todo, *You Keep Me Hanging On*, canción soul estrenada por The Supremes en 1966 y remozada en versión rockera por Vanilla Fudge un año más tarde. Se erige en la canción estrella de la película. En ese sentido

La relación entre Pussycat (Margaret Qualley) y Cliff, peculiar reverso de El graduado. *A la izquierda, Lena Dunham como otra de las dicípulas de Manson.*

231

es el equivalente al *Stuck in the Middle With You*, de la tortura de *Reservoir Dogs*, o el *You Never Can Tell*, del baile de *Pulp Fiction*. Booth la sintoniza en la radio poco antes de que los secuaces de Manson –entre ellos, el futuro Elvis Presley de Baz Luhrmann, Austin Butler– asalten la casa de Dalton. Con ella se desata la furia de Tarantino que, hasta entonces, había escatimado al espectador su habitual dosis de violencia explícita y regocijante. Los hilarantes gritos de dolor de los asaltantes, exultante venganza cinéfila, llegan a tapar el rock psicodélico de esta versión, excepto cuando Booth es herido. Entonces, la canción ritma cada golpe violento de Booth.

ELOCUENCIA MUSICAL

En otras escenas Tarantino se muestra más sutil. Es elegante cuando en el trayecto en coche del matrimonio Polanski hacia la mansión Playboy suena *Hush*, de Deep Purple, y ralentiza la imagen de Tate en el verso *She's the Best Girl I've Ever Had* (Es

la mejor chica que tuve jamás); e irónico cuando en el primer contacto visual entre el cincuentón Booth y la adolescente Pussycat se sirve de *Mrs. Robinson*, de la banda sonora de *El graduado* (1967), film sobre la seducción de un joven por parte de una mujer madura. Más tarde, en el tercer y último encuentro entre los dos, en el momento en que ella se ofrece a practicarle una felación suena *Hey Little Girl* (*¡Eh, chiquilla!*), de Dee Clark, y descubrimos que es menor. En otro uso elocuente del título de una canción, en el regreso de Dalton a Hollywood tras su aventura italiana suena *Out of Time* (*Fuera de tiempo*), de los Rolling Stones, con versos tan precisos como *You're Out of Touch* (*Estás pasado de moda*) o *You're Discarded* (*Estás descartado*).

Por otra parte, el *flower power* distorsionado por la familia Manson tiene su correspondencia en la utilización de tres canciones de The Mamas and The

La australiana Margot Robbie encarna a la actriz Sharon Tate.

233

'Estás fuera de moda',
le cantan los Rolling
Stones a Rick Dalton en
su regreso a Hollywood
junto a su esposa
Francesca (Lorenza
Izzo).

Papas, el grupo emblemático californiano: la versión de José Feliciano (1968) de *California Dreamin'*, la interpretación diegética de *Straight Shooter* por la actriz Samantha Robinson en el papel de amiga de Tate, y la versión original de *Twelve Thirty*, en la aparición del coche de los asaltantes mansonianos y su enfrentamiento con un colérico Dalton.

Más allá del rock, Tarantino vuelve a recurrir a bandas sonoras de films ajenos como los westerns *La leyenda de Bill Doolin* (1980) de Lamont Johnson –música de Tom Slocum– y *La ley de la horca* (1972) de John Huston –música de Maurice Jarre–, el spaghetti-western *Sonora* (1968) de Alfonso Balcázar –música de Francesco De Masi– o, en un apunte cinéfilo de especial valor, la recuperación de temas de la música de Bernard Herrmann rechazada por Alfred Hitchcok para *Cortina rasgada* (1967), incidente que supuso el fin a una larga y fructífera colaboración entre el compositor y el cineasta.

CANCIONES

ROCK AROUND THE CLOCK
Bill Haley and His Comets

Oficialmente compuesta por el veterano Max C. Freedman y Jimmy De Knight, nombre artístico de James Edward Myers, versado en la musica country y del que se sospecha que en realidad no participó en la composición. Aunque la primera intención era venderla a Bill Haley, un disputa entre el agente del grupo y el productor (Dave Miller, de Essex Records) lo impidió y el honor de grabar por primera vez la pieza fue para Sonny Dae & His Knights, que hicieron una versión menos rotunda de la que, poco después, realizaría Bill Haley, desligado ya de Essex, como cara B de su primer *single* (*Thirteen Women*) para su nueva compañía, Decca. Sin embargo, la canción no llamó la atención, ni en la versión original de Sonny Dae, ni en la de Bill Haley. Hasta que el cine se fijó en ella. Estaba entre los discos de Peter Ford, el hijo de Glenn Ford, protagonista de *Semilla de maldad* y fue escogida para los créditos del film. Causó sensación y después del estreno del film, en mayo de 1955, ocupó el nº1 de las listas americanas durante 8 semanas, 19 en el top 10 y 24 en el Top 40. Se convirtiría en uno de los *singles* más vendidos de la historia.

La película:

SEMILLA DE MALDAD
(*Blackboard Jungle*)

1955. Estados Unidos. **Prod.:** Metro Goldwyn Mayer. Pandro S. Berman. **Dir.:** Richard Brooks. **Guion:** Richard Brooks, basado en la novela *The Blackboard Jungle* (1954), de Evan Hunter. **Fot.:** Russell Harlan, en B/N. **Mont.:** Ferris Webster. **Dur.:** 96 minutos. R: Glenn Ford (Richard Dadier), Anne Francis (Anne Dadier), Vic Morrow (Artie West), Sidney Poitier (Gregory Miller), Margaret Hayes (Louis Judby Hammond).

ARGUMENTO: El exmarine Richard Dadier es contratado como profesor de gramática en un instituto problemático y con tensiones raciales en el que se tendrá que enfrentar a ataques violentos de algunos de sus alumnos. Dadier intenta encontrar la manera de revertir la situación.

El film que marcó la presencia del rock en el cine, la primera película que utilizó el nuevo estilo en su banda sonora. Sin embargo, no hay más presencia suya que la de los créditos de la cinta, focalizada en el tema de la delincuencia juvenil y basada en una novela inspirada en la experiencia como profesor de su autor, Evan Hunter (quien firmará novelas negras con el seudónimo de Ed McBain). Ninguno de los jóvenes escucha rock, no parece que forme parte de su realidad y cuando uno de ellos, el afroamericano Gregory Miller (Sidney Poitier), participe en una función del centro es música eclesiástica lo que toca y canta. La presencia de rock en el film era una forma de atraer comercialmente a las salas al público joven que escuchaba aquella música. Tal como dice Martin Scorsese a Thomas Sotinel: «Se habla de *Semilla de maldad* como el primer film rock, pero el problema era que su autenticidad flaqueba en el momento en que la música se para después de los créditos. Es un decorado con actores, como se hacía en la época. (...) Visto en retrospectiva no hace falta condenar el trabajo de Richard Brooks. Intentaba otra cosa, pero con los recursos de los que disponía, viniendo del mundo del que él venía. Nuestro mundo era diferente».

Una célebre escena del film es aquella en que los alumnos díscolos y violentos destrozan la preciada colección de vinilos de jazz del profesor de matemáticas, que en la novela, en realidad, eran discos de Perry Como o Frank Sinatra. Como afirma Eduardo Guillot en su *Historia del rock*: «una inspirada metáfora que supuso tanto la plasmación de multitud de inquietudes juveniles del momento como la oposición a modelos musicales anteriores o el deseo de integración racial».

Bill Haley & His Comets

La película fue un escándalo. Le llovieron críticas por mostrar un sistema educativo deficiente y conflictivo. Fue prohibida en ciudades como Memphis y Atlanta y la Mostra de Venecia sufrió presiones políticas para que no se exhibiera como estaba previsto (y no lo hizo).

Por su parte, los jóvenes aprovechaban los créditos inicales para bailar en la sala al son del rock de Bill Haley. Incluso, según explicaba el propio director al *New York Times*, un cine de Boston llegó a proyectar la primera bobina en silencio para evitar eso. Scorsese definía ese momento inicial como «electrizante» y son conocidos los recuerdos de otro ilustre adolescente de la época, Frank Zappa, que, además, definía la canción como «el himno nacional de los jóvenes»: «Cuando los créditos iluminaron la pantalla y Bill Haley y los Comets se pusieron eructar: *One, two, three o'clock, four o'clock rock* los chavales nunca habíamos oído nada tan fuerte. Recuerdo haberme quedado impresionado».

La cinta significaba un atrevido paso adelante en el relato de profesores que intentan la reconversión de jóvenes díscolos o delincuentes de lo que es un ejemplo clásico *Forja de hombres* (1938), de Norman Taurog, basada en hechos reales, con Spencer Tracy como el padre Flanagan. Aunque tanto una como otra hacen gala de una voluntad moralizante, la violencia del film es mayor, por ejemplo, el intento de violación de una profesora por parte de uno de los alumnos. Sin embargo, resulta un modelo que será superado y adulterado en cintas de acción futuras, reaccionarias y con nula intención conciliadora, como *Curso del 1984* (1982), *El rector* (1987) o *El sustituto* (1996), con violencia sin paliativos y profesores vengadores.

EL MOMENTO

La canción se oye en los títulos de crédito, tanto en los iniciales como en los finales. En los primeros, una vez acabados *Rock Around the Clock* continúa sonando y la imagen descubre el patio del instituto al que se dirige el protagonista donde están los futuros alumnos tras unas rejas. Un indicio del peligro que le espera. En cuanto al final de la película, en el mismo escenario aparecen el profesor y Miller, que han tenido algún momento tenso durante el metraje. Sin embargo, la relación se ha normalizado; los estudiantes conflictivos, depurados y tanto uno como otro rechazan la idea de abandonar el instituto. En ese contexto, *Rock Around the Clock* suena diferente, desprovista ya de todo sentido amenazante, reemplazado este por una esperanza de entendimiento.

JUMPIN' JACK FLASH
Rolling Stones

Publicada como single sin album, junto a *Child of the Moon*, en mayo de 1968, medio año después de la aparición del psicodélico y criticado *Their Satanic Majesties Request* (1967), con la canción devolvía al grupo a los sonidos de sus orígenes. El *single* llegó al número 1 tanto en Estados Unidos como en Reino Unido. «Con *Jumpin Jack Flash* y *Street Fighting Man* yo había descubierto que se le podía sacar un nuevo sonido a la guitarra acústica, uno chirriante y sucio que surgió de moteluchos de mala muerte», escribió el guitarrista de la banda Keith Richard en sus memorias. Si bien el *Jumpin Jack* del título aludía en su origen al jardinero de Richards, Jack Dyer, cuya manera de caminar despertó un día a Mick Jagger tras una noche en vela, hay más incerteza sobre la autoría del *riff* de la canción: tanto el bajista Bill Wyman como Keith Richards se lo atribuyen en sus respectivos libros de memorias (Richards llega a afirmar que es su preferido de todos los suyos). Aunque no pertenece a ningún disco de estudio, *Jumpin' Jack Flash* es una de las canciones más populares del grupo, habitual de sus conciertos y, por lo tanto, incluida en discos en directo como *Get Yer Ya-Ya's Out* (1970) o *Shine A Light* (2008).

La película:

MALAS CALLES
(*Mean Streets*)

1973. Estados Unidos. **Prod.:** Taplin-Perry-Scorsese Productions. Jonathan T. Taplin. **Dir.:** Martin Scorsese. **Guion:** Martin Scorsese y Mardik Martin, sobre un argumento de Martin Scorsese. **Fot.:** Kent Wakeford. **Mont.:** Sid Levin. **R.:** Harvey Keitel (Charley), Robert De Niro (Johnny Boy), David Proval (Tony), Amy Robinson (Teresa), Richard Romanus (Michael), Cesare Danova (Giovanni). **Dur.:** 111 minutos.

ARGUMENTO: Charley es un joven de origen italiano que trabaja para su tío mafioso. Este le ha prometido encargarse de un restaurante. Su futuro parece prometedor, pero la relación con su exaltado amigo Johnny Boy, de quien ejerce de protector, le trae problemas.

Pocos meses después del estreno de *American Graffiti*, que aglutinaba como banda sonora decenas de canciones rock, Martin Scorsese estrenaba su tercer largometraje de ficción, *Malas calles*, en la que también se servía de temas rock, algo que ya había hecho tímidamente en su primera cinta, *Who's That Knocking At My Door* (1969). Esa práctica respondía a su experiencia personal: «En 1964 era evidente que tendría la posibilidad de hacer una película. Sabía que jamás podría hacer una cuya banda sonora fuera una composición original porque

La presentación de Johnny Boy (Robert De Niro) en Malas calles *con* Jumpin' Jack Flash *de fondo.*

eso no correspondía a mi experiencia personal. Para mí, la partitura de una película era la música del instante. Yo vivía en el Bowery y en aquel tiempo había vagabundos. Mirabas por la ventana y veías dos tipos que se peleaban delante de una abacería y la música que salía de la tienda era *When My Dramboat Comes Home*, de Fats Domino. A veces las cosas se activaban y la ironía, el absurdo o, más sencillamente, el contraste entre la situación y la música aparecían. Yo pensaba que así debía ser en mis películas», confesaba Scorsese a Thomas Sotinel. Y así es como se debe entender, por ese contraste al que aludía el cineasta, que en *Malas calles* suene *Please Mr. Postman*, de The Marvelettes, como fondo de una pelea en un bar.

Malas calles se suele citar como ejemplo de banda sonora rock. Sin embargo, no es el único estilo del que hace gala (soul, clásica, pop,..) y en ella la música italiana (Renato Carosone o Giuseppe DiStefano) tiene tanta importancia como el rock, en referencia al origen de los protagonistas. Las canciones de la película suenan mayoritariamente como fondo en los locales, a excepción del *Be My Baby*, de The Ronettes, canción de los títulos de créditos sobre imágenes familiares del protagonista.

Harvey Keitel interpreta a Charlie, en su segundo papel protagonista, después de Who's That Knocking At My Door? *(1969), el debut de Scorsese.*

EL MOMENTO

El éxito de los Rolling Stones suena como presentación del personaje de Robert De Niro, el díscolo Johnny Boy, primordial en el film. *Jumpin' Jack Flash*, cantada en primera persona (supuesta nota autobiográfica: «Me crió una bruja barbuda y desdentada» llega a decir Jagger) cuenta la historia de alguien que pese a haber tenido una vida dura, acaba tomándose a broma lo que le ha pasado («Pero ahora todo está bien; en realidad, es divertido»). Una actitud y un perfil similar al del agresivo Johnny Boy, que vive continuamente en el alambre.

En puridad, cuando aparece Johnny Boy haciendo bromas en el guardarropía del local en el que se encuentra Charlie, se oye de fondo *I Looked Away*, de Derek and The Dominoes (Eric Clapton). La introducción de *Jumpin' Jack Flash* irrumpe con un travelling a cámara lenta hacia Charlie, que ve fuera de campo la entrada de su amigo. Con el primer verso de la canción, el exclamativo «¡Ojo!», aparece De Niro junto a dos amigas en la sala a cámara lenta y suena el riff claro por encima del sonido ambiente distorsionado. Parece como si estuviéramos en la mente de Charley, que mira desconfiado y se da la vuelta para irse. De Niro va hacia el mismo lugar.

En la siguiente imagen desaparece la cámara lenta, la canción pasa a segundo plano por debajo del ambiente y Charley abraza con alegría a su amigo, sin rastro de resquemor. De lo subjetivo se ha pasado a lo real, de lo extradiegético a lo diegético. Tras un diálogo de cara a la galería, Charley se lleva a Johnny Boy a la recámara para reprocharle sus deudas. En esa nueva escena la canción deja de sonar; de hecho, Scorsese quería que ahí se oyera otra de los Rolling, *The Last Time*, pero tuvo que desistir por falta de recursos. En cambio, sí suena en una escena anterior –el baile de Charley con las strippers–, otra canción del grupo, *Tell Me*.

Jumpin' Jack Flash también aparece en otras películas como *El regreso* (1978) de Hal Ashby, *Turno de noche* (1982) de Ron Howard, *Miedo y asco en Las Vegas* (1998) de Terry Gilliam o *Radio encubierta* (2009), de Richard Curtis, además de la comedia *Jumpin' Jack Flash* (1986), de Penny Marshall, con Whoopi Goldberg.

THE END
The Doors

Último corte del primer disco de The Doors, *The End* duraba, en un principio, tres minutos como canción que evocaba la ruptura de Jim Morrison con Mary Verbelow, su novia de instituto. Sin embargo, se fue dilatando hasta los casi doce a medida que Morrison la iba interpretando, primero, en el club London Fog, de Los Angeles, donde The Doors se inició como grupo residente, y, más tarde, en el Whisky A Go Go, en el que se consolidó, aunque en calidad de grupo telonero de otras formaciones (Love, The Seeds,...). En declaraciones a un periodista y recogidas por Davis, Morrison contó que «empezó como una sencilla canción de despedida. Solo la primera estrofa y el estribillo. A medida que la hacíamos cada noche, descubrimos un sentimiento peculiar: un latido largo, que fluía fácilmente; esa afinación extraña de la guitarra que sonaba vagamente oriental o india».

Una de las muchas imágenes espectaculares de Apocalypse Now.

241

En ese proceso de construcción constante del tema, que se podía alargar hasta el cuarto de hora y que The Doors utilizaba para cerrar su actuación, tuvo lugar el famoso incidente que supuso la última sesión en el Whisky: la noche del 21 de agosto de 1966, Morrison, interesado por el mito de Edipo, se desvió de la letra habitual, introdujo la inquietante figura de un asesino y acabó exclamando: «Father? I Want to Kill You. Mother? I want to Fuck you' ('¿Padre? Te quiero matar. ¿Madre? Te quiero follar')», paso extremo en las actuaciones ya provocadoras y sexuales de la banda. Esa misma noche fueron despedidos, pero el día anterior, el grupo había firmado un contrato preliminar con Elektra Records para grabar su primer album. El disco, tiulado *The Doors*, apareció en enero de 1967 e incluyó otros clásicos de la formación como *Break On Through (To the Other Side)* y *Light My Fire*. Los nuevos y polémicos versos se mantuvieron en la canción, pero se sustituyó el verbo incestuoso por un alarido.

La canción, antes de hacerlo en el film de Coppola, ya había sonado en *Who's That Knocking at My Door?* (1967), el debut de Martin Scorsese en la dirección. Aunque posteriormente ha aparecido en series de televisión y otros films menores, *The End* permanece como emblema sonoro de *Apocalypse Now*.

El coronel Kurtz, con la cabeza rapada, uno de los personajes icónicos en la carrera de Marlon Brando.

La película:

APOCALYPSE NOW
(*Apocalypse Now*)

1979. Estados Unidos. **Prod.:** Omni Zoetrope. Francis Ford Coppola. **Dir:** Francis Ford Coppola. **Guion:** John Milius y Francis Ford Coppola, inspirado en la novela *El corazón de las tinieblas* (1899) de Joseph Conrad. **Fot.:** Vittorio Storaro, en color. **Mús.:** Carmine Coppola. **Mont.:** Walter Murch. **Dur.:** 153 minutos/193 (*Apocalypse Now Redux*: montaje del director 2001). **R:** Martin Sheen (Capitán Willard), Marlon Brando (Coronel Kurtz), Robert Duvall (Coronel Kilgore), Frederic Forrest (Chef), Lawrence Fishburne (Clean), Sam Bottoms (Lance).

ARGUMENTO: El Capitán Willard recibe, durante la guerra de Vietnam, la orden de acometer una misión secreta. Tiene que ir en busca del coronel Kurtz, compatriota suyo renegado, que se encuentra escondido pasada la frontera con Camboya y eliminarlo.

Cinco años después del entonces exitoso y oscarizado díptico *El padrino* y tras una producción complicada con cambio de actores –Martin Sheen reemplazó a Harvey Keitel cuando la filmación ya llevaba unas semanas–, un largo rodaje en Filipinas, que tuvo que interrumpirse por un tifón, y un estreno retrasado en cinco ocasiones, Francis Ford Coppola presentó *Apocalypse Now* en el Festival de Cannes de 1979, donde obtuvo el premio mayor, la Palma de Oro, compartida con la germana *El tambor de hojalata*, de Volker Schlondorff. El film, que tenía su origen en un guion de John Milius y que tenía que haber sido dirigida por George Lucas, acabó siendo la película definitiva sobre la guerra de Vietnam. Coppola mostró una visión tan atroz como esperpéntica de aquella contienda y ofreció una experiencia inmersiva en el espectáculo desquiciado de la violencia de guerra y las consecuencias psicológicas en los supervivientes (si eso existe).

La cinta consiguió dos Oscar en las categorías de sonido y fotografía, primordiales para transmitir el horror bélico y la alienación de uno mismo. También contribuyó a ello la música compuesta por Carmine Coppola, padre del director, que huyó de las fanfarrias victoriosas propias de la tradición hollywoodiense –Coppola hijo había sido guionista oscarizado de *Patton* a inicios de esa misma década– y echó mano de sintetizadores para crear una música incómoda que subrayara los aspectos disonantes de la vivencia bélica.

Son pocas las piezas preexistentes que utiliza el cineasta. Destacan dos, de estilo antitético. La primera es la composición clásica *La cabalgata de las valkirias*, de Richard Wagner que, de manera tan altisonante como cínica, está asociada en el film al personaje del enajenado Coronel Kilgore, jefe de la caballería aérea que ayuda a Willard a iniciar su travesía fluvial en busca de Kurtz. El propio Kilgore la emite desde el helicóptero para anunciar el ataque a un enclave vietnamita.

This is the the End (Esto es el fin), *nos dice Jim Morrison en el inicio de la película.*

La segunda es *The End*, que, desde su utilización en el film de Coppola, ha quedado relacionada con la guerra de Vietnam para la eternidad, aunque su origen no tuviera que ver con ella. Sin embargo, Walter Murch, montador y diseñador de sonido del film, tal como contaba a Ondaatje, pensaba que iba a utilizarla más lo que finalmente hizo: «Daba la sensación de ser demasiado precisa. Sentías como si Jim Morrison estuviera ahí mismo, detrás de la pantalla, diciéndote exactamente lo que estaba sucediendo. Por mucho que lo intentáramos, siempre había algo en la música que parecía que comentaba la acción. Así que nos echamos atrás y la utilizamos solo al principio y al final».

EL MOMENTO

Efectivamente, la canción de The Doors abre y cierra la película con tres fragmentos distintos de su larga duración; en total se utilizan unos 9 minutos de la pieza. La primera imagen que aparece es la vista general de un paisaje frondoso de palmeras y lo primero que suena, un helicóptero amenazante y el inicio de la canción. Se oye el primer verso del tema «This is the End» («Esto es el fin») justo después de que aquellas palmeras sean arrasadas. Una declaración de principios: ese es el ánimo del film.

El bello y tranquilizador paisaje es engullido por las llamas y el humo. Por montaje se encadena la bruma con el rostro cabeza abajo del capitán Willard, de ojos azules, a la izquierda de la imagen y un ventilador a la derecha. Morrison canta: «I'll Never Look Into Your Eyes Again» (Nunca volveré a mirar en tus ojos)». Coppola se ha introducido en los pensamientos y recuerdos de un Willard cuya cabeza va adoptando una posición normal en pantalla. Desaparecen las imágenes exteriores, la cámara se fija en la mano de Willard con un cigarrillo y en una pistola sobre las sábanas de la cama, pero se sigue oyendo el helicóptero. Va desapareciendo la voz de Morrison. Las hélices suenan insistentes sobre la imagen del ventilador. Willard abre los ojos y nos sitúa de lleno en una habitación y su ventilador de techo.

Willard (Martin Sheen) se prepara para sacrificar al coronel Kurtz con The End *de fondo.*

Cesan The Doors, pero el sonido del helicóptero no desaparece hasta que el oficial mira hacia el exterior a través de la persiana. Han sido los primeros cuatro minutos del film en que el recuerdo de la destrucción se ha colado tenaz en la mente de un hombre en (supuesto) reposo. Sin embargo, tras una breve pausa en que se suceden imágenes de Willard hastiado en la habitación, Coppola retoma la canción en su fragmento más desenfrenado y percutivo, sobre imágenes de desesperación y locura del oficial, que llora desnudo con la mano ensangrentada. El espejismo del reposo se ha esfumado.

The End vuelve a aparecer en el clímax del film, la muerte del coronel Kurtz a manos de Willard. Este, de noche y camuflado, surge del agua y se dirige a la guarida de su objetivo, mientras en el exterior los seguidores de Kurtz se disponen a celebrar el sacrificio de un toro. Son imágenes hipnóticas y contrastadas: Willard, en penumbra sobre el fondo nocturno y lluvioso, pero claro, de la muchedumbre, parece esperar una llamada que se produce con un relámpago y la voz de Morrison invitándole a actuar («Take a chance with Us», «Arriésgate con nosotros»). Willard, cuyo cuerpo parece metamorfosearse, se escurre en el interior del lugar donde se halla Kurtz grabando una de sus reflexiones. Este detecta la intrusión de Willard, quien le asesta un golpe mientras la canción da rienda suelta a un pasaje instrumental de sonoridad exótica. Las imágenes eluden la reacción a la tentativa de Willard, pero la sustituyen por el gráfico y salvaje descuartizamiento del toro vivo. Las dos situaciones se alternan en montaje: Kurtz oponiendo resistencia, pero finalmente sucumbiendo, más bien ofreciéndose al sacrificio, y el toro cayendo despedazado sobre el fondo sonoro de la batería desatada de *The End*. La pieza concluye con la imagen de Willard con el pecho brillante de sangre. Ya en silencio, el rostro de Kurtz pronuncia sus últimas palabras: «El horror». Así, *The End* se ajusta a los pasajes descritos, tal como avisaba Murch, como si hubiera sido escrita para la película.

LUST FOR LIFE
Iggy Pop

Compuesta por David Bowie e Iggy Pop (nombre artístico de Jim Osterberg) en 1977, en el periodo en que los dos amigos vivieron juntos en Berlín, *Lust For Life* («*Pasión por vivir*») daba título al segundo álbum en solitario del cantante americano tras el fin de la primera etapa de The Stooges. El disco, que incluye otro de los temas emblemáticos de Pop, *The Passenger*, fue grabado en los estudios Hamsa de la capital germana, en los que Bowie también grabaría ese mismo año su aclamado *Heroes*.

La canción, que se inicia con un riff inspirado en la sintonía del canal Armed Forces Network, menciona a Johnny Yen, turbio personaje de la novela *El ticket que explotó* (1962) de William Burroughs. Punto de partida para una declaración vitalista tras una etapa tempestuosa («ya basta de romperme la cabeza con el alcohol y las drogas»; «tengo pasión por vivir»). Tras el fin de The Stooges en 1973, Iggy Pop pasó un tiempo en rehabilitación de su adicción a las drogas. Sin embargo Bowie y Pop no dejarían de consumir cocaína en su periplo teutón. El título de la canción coincide con el de la novela biográfica sobre Vincent Van Gogh escrita por Irving Stone (*Anhelo de vivir*, 1934) y llevada al cine en 1956 (*El loco del pelo rojo*, con Kirk Douglas). La utilización de *Lust for Life* en *Trainspotting* significó un renacimiento comercial para el tema dos décadas después de su aparición. Consiguió alzarse hasta el número 26 en Reino Unido. Un expresivo y semidesnudo Pop apareció en un videoclip que incluía imágenes del film.

La canción Lust for Life *tuvo una segunda vida gracias a la película. Fotograma de su videoclip, en el que se incluían imágenes del film.*

Lust for Life ha formado parte también de las bandas sonoras de cintas como *Buscando a Susan desesperadamente* (1985), de Susan Seidelman, *Basquiat* (1996), de Julian Schnabel, *Los Rugrats: vacaciones salvajes* (2003), de John Eng y Norton Virgien, *Ojalá fuera cierto* (2005) de Mark Waters y *Elle* (2016) de Paul Verhoeven. También se incluía en forma de remix del grupo The Prodigy en la segunda parte de *Trainspotting*, *T2* (2017), de nuevo dirigida por Boyle y basada en la novela *Porno* (2002), de Welsh.

La película:

TRAINSPOTTING
(*Trainspotting*)

1996. Reino Unido. **Prod.:** Figment Film. Andrew McDonald. **Dir.:** Danny Boyle. **Guion:** John Hodge, basado en la novela homónima (1993) de Irvine Welsh. **Fot.:** Brian Tufano, en color. **Mont.:** Masahiro Hirakubo. **Dur.:** 90 minutos. **R:** Ewan McGregor (Renton), Ewen Bremner (Spuck), Jonny Lee Miller (Sick Boy), Robert Carlyle (Begbie), Kelly Macdonald (Diane), Kevin McKidd (Tommy).

Toda la cuadrilla: de izquierda a derecha, Spuck (Ewen Bremner), Sick Boy (Johnny Lee Miller), Renton (Ewan McGregor), Begbie (Robert Carlyle) y Tommy (Kevin McKidd).

ARGUMENTO: Renton, un joven escocés sin esperanzas en el futuro, pasa el tiempo enganchado a la heroína junto a su grupo de amigos, delincuentes de poca monta, entre ellos, el bobalicón Spuck y el violento Begbie. Tras desintoxicarse y conseguir un trabajo fijo como agente inmobiliario, Renton recibe la visita de Begbie, buscado por la policía, y junto a Spuck y Sick Boy perpetrarán un último negocio (de droga) juntos.

La canción y la película
arrancan con los
protagonistas huyendo
de la policía.

Segunda película como director de Danny Boyle, *Trainspotting*, divertida y trágica, gráfica y escatológica, adaptaba el exitoso debut literario del escocés Irvine Welsh. El film recibió una nominación al Oscar en la categoría de guion adaptado para John Hodge, quien sí obtuvo el BAFTA británico en el mismo apartado. Con un presupuesto de 1'5 millón de libras (2'5 de dólares), la película recaudó 50 en todo el mundo. Los derechos de las canciones de la banda sonora costaron 800.000 libras.

El grupo escocés Primal Scream compuso el tema homónimo, de 8 minutos de duración, que es utilizado como fondo musical a lo largo del metraje y que incluyó en su álbum *Vanishing Point* (1997). La mayoría de piezas restantes de la banda sonora, a excepción de las canciones rock y la clásica *Carmen*, de Bizet, se circunscriben al *brit pop* (*Sing*, de Blur, o *Mile End*, de Pulp) o la música tecno (*For What You Dream Of*, de Bedrock o *Born Slippy* de Underworld). Sin embargo, la figura de Iggy Pop emerge de manera destacada al formar parte incluso de la trama: la pasión de Tommy –amigo de Renton, todavía no adicto a la heroína– por la música del cantante es uno de los motivos por los que su novia le deja, lo que le lleva finalmente a probar esa droga. No solo eso: son dos las canciones de Pop que se incluyen en la banda sonora: *Lust for Life* y *Nightclubbing*, de su primer disco en solitario *The Idiot* (1977), que acompaña uno de los momentos más trágicos del film, la muerte del bebé de uno de los amigos de Renton. Otra cita rockera de la película es la versión que el grupo de *brit-pop* Sleeper hace de *Atomic*, de Blondie, utilizada en el divertido «montage» con los respectivos encuentros sexuales de los protagonistas en la misma noche. También destaca la utilización de *Perfect Day*, de Lou Reed, para la secuencia de la sobredosis de Renton tras salir en libertad.

EL MOMENTO

Uno de los más emblemáticos de la película: la presentación de personajes, la escena inicial. La canción dura cinco minutos y suena completa. La decisión de emplearla en la obertura es idónea, emerge como una declaración de intenciones de todo el film. De hecho parece haber sido escrita para la película (o viceversa): los protagonistas de la canción y la cinta quieren dejar la adicción, pero sin abandonarse. Están decididos a continuar disfrutando de la vida.

Boyle ilustra el vibrante *riff* que abre la pieza con la carrera frenética de Renton y Spud huyendo de la policía. El primero, cuya voz ya ha iniciado el conocido monólogo sobre la heroína como refugio para una vida insatisfactoria («Elige tu futuro. Elige la vida. Pero, ¿por qué iba yo a querer hacer algo así? Yo elegí no elegir la vida. Yo elegí otra cosa. ¿Y las razones? No hay razones. ¿Quién necesita razones cuando tienes heroína?»), es atropellado por un coche.

Cuando se reincorpora, la cámara capta su sonrisa enajenada y se incrustan letras con su nombre. En los próximos minutos se van a presentar los demás personajes que conforman su pandilla, especialmente Spud y Sick Boy, a los que vemos bajo los efectos de una inyección de heroína, igual que Renton, cuyo chute se iguala, mediante montaje, a un pelotazo en la cabeza. La secuencia acaba con el protagonista reincorporándose como una criatura de ultratumba desde el suelo, donde yacía extasiado. Se dirige hacia la Madre Superiora (Peter Mullan), el cocinero de las dosis, y le anuncia su intención, no tan sencilla como parece, de dejar el caballo.

LONDON CALLING
The Clash

Portada del álbum
London Calling

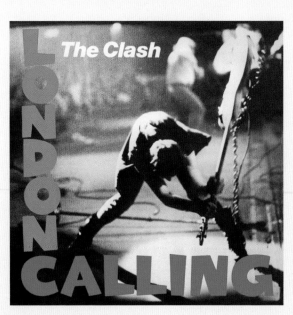

Canción que da título al tercer álbum de The Clash, *London Calling*, publicado en diciembre de 1979. Remite al encabezado con el que la BBC iniciaba sus comunicados radiofónicos al extranjero durante la II Guerra Mundial: This Is London Calling (Londres al habla). Aunque la letra alude a diversos temas (el rock acomodaticio, el uso de drogas, violencia policial,...), está profundamente dominada por un sentimiento catastrofista derivado de noticias alarmantes de cariz ecológico en esa época como el accidente nuclear acaecido el 28 de marzo de 1979 en la central de Three Mile Island de Pensilvania o la posibilidad de que el Mar del Norte hiciera desbordar el Támesis, con la consiguiente inundación de la capital inglesa (de ahí el célebre verso «London is drowning and I Live by the river» –«Londres se ahoga y yo vivo junto al río»–, miedo real del vocalista y compositor Joe Strummer, que vivía en un edificio al lado del Támesis). El doble álbum que la contenía catapultó al grupo y está considerado como uno de los mejores discos rock de la historia. La canción fue escogida como tema oficial de los Juegos Olímpicos de Londres 2012.

La película:

BILLY ELLIOT (QUIERO BAILAR)
(*Billy Elliot*)

2000. Reino Unido. **Prod.:** Working Title Films y BBC Films. Greg Brenman y Jon Finn. **Dir:** Stephen Daldry. **Guion:** Lee Hall. **Fot.:** Brian Tufano, en color. **Mús.:** Stephen Warbeck. **Mont.:** John Wilson. **Dur.:** 106 minutos. **R:** Jamie Bell (Billy Eliot), Gary Lewis (Padre), Julie Walters (Profesora Wilkinson), Jamie Draven (Tony, hermano de Billy), Jean Heywood (Abuela), Stuart Wells (Michael).

ARGUMENTO: Reino Unido, 1984. Billy Elliot, un niño de once años de una localidad minera inglesa, descubre su pasión por la danza. Asiste a clases a espaldas de su padre y hermano, mineros en huelga. La insistencia de su profesora le hará prepararse para una prueba para el Royal Ballet de Londres.

Billy Elliot (Quiero bailar) fue la primera película de Stephen Daldry, futuro director de *Las horas* (2002) y *El lector* (2008) y supuso el descubrimiento de su protagonista, el adolescente y debutante Jamie Bell, que ganó el BAFTA como mejor actor protagonista. Fue también un éxito mundial que recaudó 390 millones de dólares sobre un presupuesto de 35. En 2015, la adaptación a musical escénico, con canciones de Elton John y Lee Hall, guionista de la película, certificaba su condición de clásico popular.

Jamie Bell debutó con catorce años en Billy Elliot. *Más tarde participaría en films como* Banderas de nuestros padres *(2006) o* Rocketman *(2019), en la que encarnaría a Bernie Taupin, letrista de Elton John.*

Stephen Warbeck, que acaba de ganar un Oscar por *Shakespeare In Love* (1998), compuso la banda sonora original. La complementan temas de música clásica, que ilustran el mundo de la danza, especialmente *El lago de los cisnes*, y piezas punk, más acorde con la dureza y dificultades del entorno social y familiar del protagonista. Aunque se utilizan diversas canciones del grupo de glam rock T. Rex como *Cosmic Dancer*, en los títulos de crédito iniciales, o *Get It On*, oída en un «montage» de Billy con su amigo Michael, destaca toda la secuencia durante la que suena de fondo el *London Calling*, de The Clash: la brutal detención de Tony, el hermano de Billy, por parte de la policía.

EL MOMENTO

Es la escena más violenta de la película: la policía británica invadiendo el vecindario de Billy. La canción arranca en los segundos finales de la escena anterior en el gimnasio con la hija de la profesora, pero Daldry hace coincidir los aullidos iniciales de The Clash con la imagen del avance rápido de los agentes en formación hacia cámara, un efecto sincrónico que refuerza la idea de batalla.

Billy establece una relación de cariz maternofilial con su profesora de danza (Julie Walters).

Tony se escabulle por las viviendas y los patios interiores con la complicidad de los vecinos, que le abren la puerta. Contrastan los rostros descubiertos de estos con la deshumanización de los agentes, protegidos con casco, escudo y pantalla. Billy, subido a un muro, contempla el fin de la huida: Tony se enreda con las sábanas de un tendedero que le impiden la visión.

Policías a caballo le arrean con sus porras. Las sábanas se tiñen de sangre. Billy baja la cabeza lamentando la derrota en un momento, cámara lenta incluida, demasiado teatralizado. Una concesión al público impropia del punk o de The Clash, que denota la voluntad comercial de la cinta, igual que ciertos instantes cómicos de la secuencia, poco plausibles, como Tony tomando café en plena huida o un vecino lavando el coche durante el disturbio.

Sin embargo, aunque la canción no tiene como tema central la violencia policial y la preocupación ecológica no aparece en la película, la escena sí corresponde al espíritu de The Clash en su denuncia de las taras de la sociedad y política británicas; en este caso, los excesos de las autoridades. Así, y pese a todo, la utilización de *London Calling* es un acierto conceptual que incide en la actitud crítica del grupo.

La adaptación de Billy Elliot a musical escénico, con canciones de Elton John y Lee Hall, guionista de la película, certificaron su condición de clásico popular.

Bibliografía básica

AMBURN, Ellis. *Buddy Holly. A Biography*. Nueva York: St Martin's Press, 1996.

BEATTIE, Keith. *D.A. Pennebaker*. Illinois: University Press, 2011

BISKIND, Peter. *Moteros tranquilos, toros salvajes. La generación que cambió Hollywood*.
    Barcelona: Anagrama, 2004.

BITOUN, Julien. *Woodstock Live*. Barcelona: Librós Cúpula, 2018.

BLUMENFELD, Samuel; VACHAUD, Laurent (eds). *Brian De Palma por Brian De Palma*.
    Barcelona: Alba, 2003

BRODE, Douglas. *The Films of the Sixties*. Nueva York: Citadel Press Books, 1990.

CLARKE, James. *Coppola*. Londres: Virgin, 2003.

COOGAN, Steve. *Easily Distraction. My Autobiography*. Londres: Random House, 2015.

CORMAN, Roger; JEROME, Jim. *Cómo hice cien films en Hollywood y nunca perdí un céntimo*.
    Barcelona: Laertes, 1990.

DAVIS, Stephen. *Jim Morrison. Vida, muerte y leyenda*. Barcelona: Robinbook, 2005.

DIMERY, Robert. *1001 canciones que hay que escuchar antes de morir*. Barcelona: Grijalbo, 2011.

ELIOT, Marc. *Jack Nicholson*. Barcelona: Lumen, 2016

FARREN, Jonathan. *Ciné–rock*. París: Albin Michel, 1979

FIELDER, Hugh. *Pink Floyd. Tras el muro*. Barcelona: Blume, 2015.

FONDA, Peter. *Don't tell Dad. A memoir*. Londres: Simon & Schuster, 1998

FORCADA, Fernando. *Pink Floyd. Más allá del muro*. Lleida: Milenio, 2006

GONZALO, Jaime. *The Stooges. Combustión espontánea*. Leioa: Libros Crudos, 2020.

GUILLOT, Eduardo. *Historia del rock*. Valencia: La Máscara, 1997.

GUILLOT, Eduardo. *Rock en el cine*. Valencia: La Máscara, 1999.

GUILLOT, Eduardo. *Sueños eléctricos. 50 películas fundamentales de la cultura rock*.
    Barcelona: UOC, 2017. 3ª reimpresión.

FERNÁNDEZ VALENTÍ, Tomás. *Martin Scorsese: Un infiltrado en Hollywood*.
    Barcelona: Carena, 2008.

HERSTGAARD, Mark. *Los Beatles. Un día en la vida*. Barcelona: Grijalbo, 1995

HOOK, Peter. *The Haçienda. Cómo no dirigir un club*. Barcelona: Contraediciones, 2019.

GOLDMAN, Albert. *Nueva York*: McGraw Hill, 1981

JIMÉNEZ, Gustavo. *Grease. El fenómeno*. Barcelona: California, 2018.

JONES, Brian Jay. *George Lucas. Una vida*. Barcelona: Reservoir Books, 2017

JONES, Lesley Ann. *Freddie Mercury. La biografía definitiva*. Madird: Alianza, 2012

KELLY, Mary Pat. *Martin Scorsese. A Journey*. Nueva York: Thunser's Mouth Press, 1991.

LÓPEZ POY, Manuel. *Rebeldes del rock*. Barcelona: Redbook, 2020

MARCUS, Greil. *La historia del rock and roll en 10 canciones*. Barcelona: Contraediciones, 2014

MASON, Nick. *Dentro de Pink Floyd*. Barcelona: Robinbook, 2007.

MORENO OBREGÓN, Arturo. *El cine Beatle*. Madrid: Nuer, 2000

MUNSÓ, Joan. *Diccionario del cine musical*. Madrid: T&B Editores, 2006.

NASH, Jay Robert; ROSS, Stanley Ralph. *The Motion Picture Guide*. Chicago: Cinebooks, 1985.

NORMAN, Philip. *Buddy. The Definitive Biography of Buddy Holly*. Londres: Pan Books, 2009

NORMAN, Philip. *John Lennon*. Barcelona: Anagrama, 2009

NORMAN, Philip. *Mick Jagger*. Barcelona: Anagrama, 2014

NORMAN, Philip. *Paul McCartney. La biografía*. Barcelona: Malpaso, 2017

ONDAATJE, Michael. *The Conversations. Walter Murch and the art of Editing Film*. Nueva York: Knopf, 2004.

PRIETO, Miguel Ángel. *La música del diablo. Satanismo, maldiciones y leyendas negras del rock*. Madrid: T&B Editores, 2006.

REES, Dafydd; CRAMPTON, Luke. *Book of Rock Stars*. Londres: Guinnes Books, 1991. Segunda edición.

RICHARDS, Keith, con la colaboración de FOX, James. *Vida. Memorias*. Barcelona: Global Rythm Press / Península, 2010

SANDAHL, Linda J. *Rock Films. A Viewer's Guide to Three Decades of Musicals, Concerts Documentaries and Soundtracks 1955–1986*. Nueva York: Facts On File Publications, 1987

SANGSTER, Jim. *Scorsese*. Londres: Virgin, 2002.

SCHAEFER, Dennis; SALVATO, Larry. *Maestros de la luz. Conversaciones con directores de fotografía*. Madrid, Plot, 1990.

SOTINEL, Thomas. *Rock & Cinéma*. París: La Martinière, 2012.

STONE, Oliver. *Chasing the Light*. Boston/NuevaYork: Houghton Mifflin Harcourt, 2020

STUBS, Liz. *Documentary Filmmakers Speak*. Nueva York: Allworth Press, 2002.

SUANYA, Olga. *Historias de música y vida. Canciones grabadas en nuestra memoria*. Barcelona: Redbook, 2021

THOMPSON, David; CHRISTIE, Ian (eds). *Scorsese on Scorsese*. Londres: Faber & Faber, 1989.

TOWNSHEND, Pete. *Who I Am. Memorias*. Barcelona: Malpaso, 2012.

VACHON, Christine. *Shooting to Kill*. Londres: Bloomsbury, 1998.

VALIÑO. Xavier. *Las 100 mejores películas del rock*. Valencia: Efe Eme, 2021

ARTÍCULOS

BELL, Keaton. *'It Was Like Hosting the Ultimate Party: An Oral History of Sofia Coppola's Marie Antoinette*. 29/10/2021.Vogue.com.

BREAM, Jon. *Trouble for Prince*. 22/1/1991. Ew.com

BROWNE, David. *Inside Tarantino's Once Upon A Time In Hollywood*. 27/7/2019. Rollingstone.com

COLLAR, Cammila. *All The Young Dudes: The Who's Who of Velvet Goldmine*. 27/5/2017. Medium.com

DALTON, Stephen. *Velvet Goldmine: 20 years on, has the time come for Cool Britannia's Citizen Kane?* 23/5/2018. Bfi.org.uk.

DANGEROUS MINDS. *Life Imitates Comedy: Spinal Tap Anticipated Black Sabbath's Very Own Stonehenge Debacle*. 19/11/2013. Dangerousminds.net.

GARCÍA, Yago. *La BSO de Trainspotting, canción a canción*. 2/3/2017. 20minutos/cinemania.es.

GROW, Kory. *Amy Adams' Long–Delayed Janis Joplin Biopic Moves Forward*. 21/11/2014. Rollingstone.com

FLIPPO, Chet. *The Truth Behind The Buddy Holly Story*. 21/11/1978: Rollingstone.com

GILBERT, Pat; SALEWICZ, Chris. *Todo sobre Rude Boy, la película sobre los Clash*. 13/3/2021. Planetaclash.wordpress.com.

GILCHRIST, Todd. *Purple Rain Director Gets Deep About Working with Prince: 'How is it You Just Told My Story?* 26/7/2019. Variety.com

GOLDSTEIN, Patrick. *Prince Fires Management, Legal Teams*. 7/1/1989. Los Angeles Times

HEIGL, Alex, *This is Spinal Tap Turns 30: The Bands That Inspired the Classic Film*. 3/3/2014. People.com.

JAGERNAUTH, Kevin. *Sacha Baron Cohen Says David FIncher Eyed Queen Biopic, Producers Wanted Freddie Mercury To Die Mid–Movie*. 8/3/2016. Indiewire.com

KARE, Jeffrey. *How It All Began? The Story of Jesus Christ Superstar*. 1/4/2018. Broadwayworld.com.

MACK, Adrian. «*They were really horrible*». *Filmmaker Jack Hazan on the Clash and the Making of Rude Boy*. 15/7/2016. Straight.com.

MATOS, Michaelangelo. *Everybody Is a Star: How the Rock Club First Avenue Made Minneapolis the Center of Music in the 80's*. 14/5/2016. Pitchfork.com.

MESSEGUER, Astrid. *Emotivo homenaje de Sixto Rodríguez a Malik Bendjelloul*. 15/5/2014. Lavanguardia.com.

RODRÍGUEZ. E. J. *Jimmy Swaggart: auge y caída del Azote de Dios*. Marzo 2013. Jotdown.es.

WELK, Brian. *Bohemian Rhapsody: A History of Making the FreddieMercury Biopic*. 1/11/2018. Thewrap.com.

BASES DE DATOS

www.ibdb.com
www.imdb.com
www.imvdb.com
www.catalog.afi.com
en.wikipedia.org

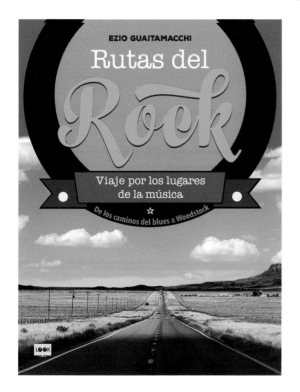

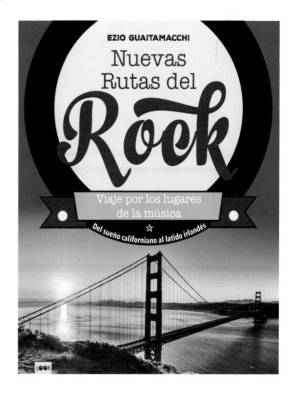

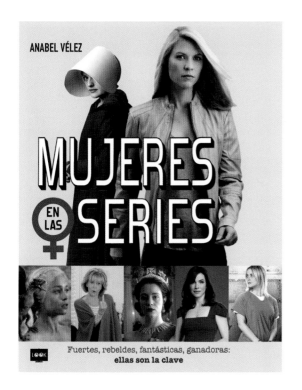

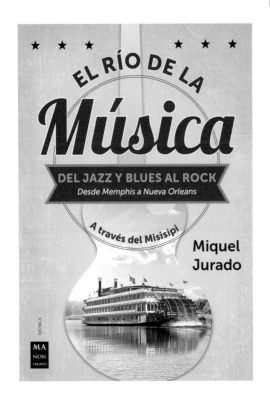

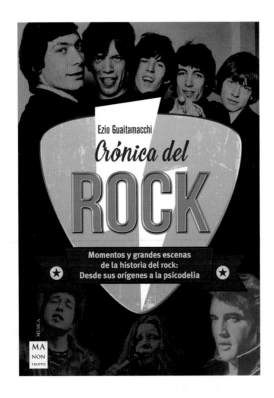

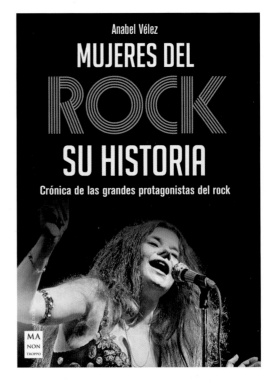